私の性体験投稿 禁断の果実

秋雷に悶える美女——神奈川県・パート従業員・五十八歳

ガキのころに戦争を体験した父親は、そのあとの高度経済成長とともに生き抜き、結婚。そのあと、子供たちを三人育てあげ、大きな家も建てた。そして定年後は、夫婦でつつましくも明るく暮らしていたのだが、この令和の現在になって、ただの生ける屍《しかばね》と化してしまった。老人性痴呆症が悪化してしまったのである。

その八十五歳の父親を車椅子に乗せ、ときおり近所を散策しているのだが、春夏秋冬変わりゆく風景を見ていると、やはりどうしても人生と重ね合わせて考えてしまう。父も歳《とし》をとったが、私も歳をとってしまったということなのだろう。

そんなとき、フッと思い浮かぶ女性の姿がある。

四十年も昔、私が高校三年生の春に出会った年上の女性、陽子《ようこ》さんの真っ白な美しい裸身は、今なお私の脳裏を駆けめぐっているのである。

子供のころから自転車好きだった私は、高校に入るとアルバイトをして高級自転車を手に入れ、休日になるといつも遠出をして楽しんでいたものだ。

ある日のこと、隣県までツーリングしての帰宅途中、道端に車椅子を停《と》めて、その下をのぞきこんでいる女性が目に入った。

父親だろうか、ガリガリに痩《や》せた老人が乗っている。あたりはもう日が暮れ、薄暗い。少し気になったので声をかけてみた。

「あの、どうかされたんですか？」

一瞬驚いたような顔をして、女性が振り向いた。

三十歳前後か、華奢《きゃしゃ》な体つきで背が高く、長い黒髪の、すごくきれいな人だった。

私のほうこそドキッとしてしまう。

「え、ええ。なんかパンクしちゃったみたいで」

見ると、車椅子の右側のタイヤがペッタンコになっている。自転車にパンクはつきものなので簡単に直せるが、車椅子のパンク修理はやったことはない。しかし、車輪さえはずせればなんとかなりそうだった。

「俺、直しましょうか？」

「えっ、本当ですか。重くて押せないし、どうしようかって悩んでたの」

近くの公園に移動し、明るい街灯の下で作業をしたのだが、意外と簡単に修理することができた。

「ありがとうございました。本当に助かりました。なにかお礼をしたいので、連絡先、教えてくださいませんか？」

「別にいいっスよ、このくらい。それじゃ」

その日はそれで別れたのだが、半月くらいたって、たまたま同じ時刻に近くを通りかかったとき、また車椅子を押す彼女に会った。

例の公園のベンチに並んで座り、世間話をする。同級生とはまったく違う雰囲気を持つ大人の女性だから、だんだんと胸が高鳴るのを感じる。

「父はもうボケてて、なにもできないのよ。だから、ときどき老人ホームに預けて、この時間に迎えにきてるの」

フレアスカートから伸びている細く白い足。小さな膝小僧がかわいらしい。胸もとが開いたブラウスの白い肌にはどうしても目がいってしまう。

「以前は高校で美術教師をしていたんだけど、父の症状が悪化したので退職して、今は時間の自由が利くパートの仕事をしているの」

長い黒髪のリンスの香りが鼻をくすぐり、甘い体臭が私を酔わせた。

「父のことがあるから、なかなか友達ともゆっくり会えないし、こうして人と話せるのがうれしいわ」

それ以来、ときどき公園で会っては話すようになった。ただそれだけなのだが、私には幸福の時間だった。

しかし、ある日とつぜん、彼女の姿を見なくなった。気になったが、彼女の家も連絡先も知らない。

仕方ないので、私は同じ曜日の同じ時間に何度も公園で待つことにした。

「ああっ、やっぱり来てたんだね。心配かけさせて、ごめんね。じつは父が急に亡くなったの」

葬儀や手続きでたいへんな苦労をしたそうだ。どう声をかけたらいいのかわからない。神妙な顔でうつむいていると、彼女が笑った。

「大往生だし、天寿をまっとうしたのよ。ねぇ、それより今度気晴らしに、どこかに連れてってくれない？　あたしも走ってみたくなっちゃった」

秋のはじめころ、片道二十キロほどのところにある岬までツーリングに出かけた。とは言え、彼女の自転車はいわゆるママチャリだ。

前を走る彼女のペースに合わせてゆっくりと走る。私の目は、ジーパンのまるいお尻ばかりを追っていた。

海岸に下り、作ってきてくれた弁当を食べていると、なんだか恋人気分になってくる。しかし、彼女にとっては弟みたいなものなのだろう。私の口もとについたケチャップをハンカチで拭きながら笑っている。でも、こうしていっしょにいられるだけでうれしかった。

帰りは少し道を変え、山越えのルートにした。しかし彼女には厳しかったようで、ずっと押して歩くはめになってしまった。

しかも予報では一日中晴れだったはずだが、遠くでゴロゴロと雷の音がしてきた。そして雲行きがだんだん怪しくなり、ついにパラパラと降ってきてしまったのだ。ふたりともカッパを用意してきておらず、とりあえず先を急いだ。

「キャッ、イヤッ、怖い！」

ついに雷が近くまで来たようで、ガラガラと音がし、稲光が走るたびに彼女が悲鳴をあげる。そしてついには道端にしゃがみこみ、顔面蒼白《そうはく》でガクガクと震えはじめたのである。

「あ、あたしダメなの、雷。本当に恐いの。ダメなのぉ、イヤッ！」

パニックになって、泣き叫んでいる。

どうしようか。山道だし、雨宿りできそうなところもない。しかも自転車は金属だし、もしものことが……。

そう悩んでいると、前方に一軒のラブホテルがあるのが見えた。

「あ、あの、あそこで少し休んでいきませんか？」

そう言うと、彼女はポロポロと涙を落としながら、だまってうなずいた。

生まれてはじめて入るラブホテル。しかし、興奮するどころではなかった。

ガラガラピシャーン！

と、ものすごい雷鳴が轟《とどろ》いている。

濡れたままの姿で、ベッドに並んで腰かけたのだが、彼女はものすごい力で私にしがみつき、ずっと震えて、泣いているのだ。

小一時間ほどたったころ、ようやく雷が去った。

「ごめんね、取り乱したりしちゃって。本当に雷がダメなのよ。怖くて怖くて、子供のころからいつも父にしがみついて泣いてたのよ」

それっきり、ふたりともだまってしまった。彼女も落ちついてきて、今いるこの状況に気づいたのだ。

私はまだ童貞だったし、この先、なにをどうしていいのかがわからない。

「ね、ねぇ、体、冷えちゃったし、とりあえず、お風呂入ろうか」

彼女がとつぜん立ちあがり、私の手を取った。

私は無言のままで服を脱いだのだが、下半身はすでに硬く勃起してしまっていた。

「あ、あの俺、まだ、その……」

「いいのよ。なにも言わないでいいの」

彼女はそれに気づかないフリをしながら、服を脱いでいる。そして全裸になると、やっといつもの笑顔を見せてくれた。

私の体にお湯をかけ、やさしく洗ってくれる彼女。しかし、生まれてはじめて見る母親以外の女性の裸なのだ。ますます私の下半身は硬さを増していた。

目の前でやわらかそうな乳房が揺れている。白い肌にまったくふさわしくない真っ黒な陰毛がびっしりと生えている光景は卑猥《ひわい》だった。そして細く長い指が私の勃起したモノをやさしく触る。

「ああっ……」

思わず、声が出てしまった。あこがれの女性が、石鹸《せっけん》の泡をたっぷりとつけた手で私の亀頭を竿《さお》をカリ首をこすっているのだ。

あまりの気持ちのよさにだんだんと感情が高まってきてしまい、抑えきれなくなり、ついに暴発してしまった。

「す、すみません。我慢できなくて……」

「こっちこそ、ごめんね。あたしもあまり経験ないから、よくわかんなくて」

いっしょに湯船に浸《つ》かり向かい合っていると、またもやモノがムクムクと勃《た》ちあがってきてしまった。

ベッドへ移動して布団に入ると、手をつないで、並んで寝転んだ。

だが、なにしろ体験したことがない。これからどうすればいいのだろうと、天井の鏡に映るふたりの姿をぼっと見ながら思っていると、ふいに彼女が起きあがり、無言のまま唇を重ねてきた。

私も彼女をきつく抱きしめ、無我夢中で口を啜《すす》った。

ずっと触りたかった乳房が目の前に存在している。そう大きくはないが、形がよく、白くてやわらかい。すでに硬くとがっている乳首を啜り、そのまるい乳房を揉《も》みしだいた。

「ああっ、いいよっ、気持ちいい」

ベロベロと彼女の体を舐《な》めながら、だんだんと舌を滑らせていき、黒々と生えている陰毛をかき分けて、股のつけ根へと下ろしていった。

はじめて嗅ぐような匂い。しかし、嫌悪するようなものではない。

ぷっくりとまるくふくらんだ左右の肉の間から、複雑な形をして合わさっている別の肉片が顔を出している。その上部に小さい豆のようなものが顔を出しているのが見えた。童貞の私でも、これがクリトリスか、ということくらいはわかった。

彼女のここはこんな具合になっていたのか。ずっと見たいと思っていたのだ。

この部分を想像しながら、何度オナニーをしたこのだろうか。私はそこを、狂った犬のように舐めまわした。

「い、いやっ。ダメよ。気持ちいい。ああっ」

彼女が腰をクネクネと動かしながら悶《もだ》えている。色白の頬が、いつの間にか紅色に染まり、冷えきっていた肌には薄っすらと汗が浮かんでいた。

「あたし、あまりうまくないんだけど」

と言いながら、今度は彼女が私の股間に体を入れ、ずっと勃起したままの私のモノを口に含んでくれる。

「すごい。すごいです。すごく気持ちいいです」

ヌメヌメと舌をからませながら頭を上下させている彼女の顔は美しく、そして淫靡《いんび》だ。

「そろそろ入れてみようか?」

彼女はすこし恥ずかしそうに言うと、私の上にまたがってきた。

そして私のモノに手を添え、自分の陰裂に先っぽをあてがうと、ゆっくりと腰を沈めてきたのである。

これが初体験になるのか……。

一瞬そんな感慨が涌《わ》いたが、中に突き刺した瞬間に襲ってきた気持ちのよさに、頭が真っ白になってしまった。

「気持ちいいです。ホントに気持ちいいです」

「あたしもよ。奥まで当たってる」

私の胸に手を置き、大きく股を開いた彼女はゆっくりと腰を上下させている。中の構造がどうなっているのかは知るよしもないが、彼女が体を振るたびに、カリの部分がどこかに引っかかり、たまらない感情が涌いてくる。

「こんなに気持ちがいいの、はじめてよ。今度はあなたが突いてくれる?」

彼女は私と入れかわって寝転がり、大きく股をひろげた。その淫らな光景を目にした私の股間はさっきより硬さを増し、痛いほどにふくれあがっていた。そして、私は一気にズブリと突っこんだのだ。

「いゃっ、す、すごい。すごいよぉ。もっと突いて。もっと、もっとぉ」

美しく清楚《せいそ》な彼女が、今はただの淫乱な牝犬《めすいぬ》になっている。顔を真っ赤に染め、大きく開けた鼻や口から、ぜぇぜぇと激しく息を吐き出しながら頭を振り、私の背中を爪でかきむしっているのだ。

私のほうもその彼女の変化を目《ま》の当たりにし、なおも興奮が増し、そしてもうなにも考えられなくなっていた。ただただ腰を振り、抜き差しをくり返した。

「お、俺、もうダメです。もう出ますっ」

「来てっ。いっぱい出してっ」

脳天を殴られたかのような快感というのはおかしな表現だろうが、まさにそんな感覚だった。体全体がショックを受けたように痺《しび》れが来て、竿の根元の部分が一瞬痛く冷たく感じたそのとたん、それがすぐに甘美なものに変わっていた。

彼女を突き飛ばすようにして離れた私のモノの切っ先から、膨大な量の白い液体が放たれ、そして彼女の白いお腹《なか》の上に散らばっていった。

「気持ちよかったよ。上手だったよ」

横になって、はぁはぁと肩を上下させている私を抱きしめ、彼女はやさしくキスをしてくれたのだった。

彼女とはそのあともたまにあの公園で会って話はしたが、もう関係を持つことはなかった。

たぶん雷に遭った恐怖と過ぎ去った安堵《あんど》感が、彼女にいっときの興奮と性的感情を与えたのだろうと、今ではそう考えている。

スリルに興奮

長野県・ＯＬ・四十三歳

恋人の高木真人《たかぎまひと》が五十歳の誕生日を迎えると同時に、膵臓《すいぞう》に腫瘍が見つかり、そのまま入院となった。

幸い、発見が早期だったため、手術、リハビリを経て、三週間程度で退院できる予定……のはずだったのだが……。

「ねえ、もう三週間すぎたけど、退院のメドはついたの？」

いつものように会社帰りの夕方、病院にお見舞いに行った私は、高木にたずねた。

「これが完全に止まるまではダメみたい」

高木はベッドに上体を起こした状態で、腹部につながっているカテーテルを指し示した。

カテーテルの先には、膵液が漏れ出ている袋がついている。彼の言うこれとは、膵液のことのようだ。

「いっときは手術の傷が痛くてキツかったけど、もう食事も完食できるし、軽い運動くらいなら、ぜんぜんオーケー。普通に元気なんだけどなあ」

高木のぼやきを聞きながら、私は部屋を見わたした。改めて、広い部屋だなあ、と思った。

ここは県内の大病院。内科の四人部屋は入口にトイレと洗面台があり、ベッドは二台ずつ向かい合っている。それぞれに白いカーテンが引かれ、プライバシーは保護されている。たまに話し声やテレビの音は聞こえるが、なにをしているのかまではわからない。

高木のベッドは、部屋の奥、窓ぎわにあった。

私は涼子《りょうこ》、三十七歳。いまだ独身で、サラリーマンの高木とはダンスサークルで知り合い、交際をはじめて三年目。可もなく不可もない交際だが、セックス面においては、ややマンネリぎみ。

「ところで真人君、入院中ひとりでシタの?」

オナニーをである。

「それがさぁ、シテないんだよねぇ」

「えっ、ウソッ！」

ふだん、あれだけ性欲旺盛な人が、なにもシテない……。

驚いて声をあげた私に、高木は苦笑しながら、

「だってさ、手術後は痛いし、環境にも慣れてないから、とてもそんな気にならないよ。看護師も来るし、就寝時間は九時なんだぜ」

「でもさ、性欲は湧いてくるでしょ？」

「ううむ……微妙だなぁ……」

高木が曖昧に答えたとき、

「夕食、お持ちしました」

と、ヘルパーさんが食事を運んできた。たしかにプライバシーはあるような、ないような。あっても、限定的だとわかった。

しばらくは、お預けってことか……。

それから二週間後、ようやく高木のカテーテルがはずれて、退院が決まった。

その日も、私は会社の制服のままお見舞いに向かった。ベッドまわりがすっきりし、高木も体が自由になっていた。

「結局、一カ月以上も入院しちゃったよ」

高木が、うれしそうに言った。

「あと四日で退院だね。おめでとう」

高木の隣に座ってそう言うと、私は軽くキスした。高木も待っていたかのように、キスを返してくれる。

じつに、一カ月ぶりの接触だ。次第に何度も唇を合わせ、舌もからめはじめる。

あ、ダメ……まわりに聞こえないようにしないと……。

私は音を立てないように気をつけながら、キスを続けた。

そのとき、高木の手が私の太ももに触れてきた。穿《は》いているパンティストッキングの感触を確かめるように、手を往復させる。

あぁ……この流れだと……。

私は高木の顔をチラ見した。ギラギラと発情した表情をしている。私の太ももを撫《な》でる手がねっとりと汗ばんできた。

セックススイッチ、入っちゃったのかな……。

高木は根っからのストッキングフェチである。ナマ足よりもストッキングを穿いた脚、色は黒よりもやや明るめのベージュ、ほどよいサポート感、つけ根部のランガード必須と、こだわりがあり、なによりも脚の太さは細すぎず、太すぎずのムチムチ系……その要素を満たしたストッキング脚の感触を堪能《たんのう》していると、興奮度がアップするのだ。

そして今、その状況にあるのだが病院だ。

私は身長も高くなく痩《や》せぎみだが、骨太なので手足は細ムチムチ系。高木の好みに合致しているらしい。

高木が薄笑いを浮かべながらベッドに仰向けになり、私の手を引っ張った。私が覆いかぶさる体勢になると、高木は制服のベストの上から、私の胸を強くつかんだ。

「う……」

体の奥がゾクッとした。

そのままベストを脱がされ、ブラウスの上から乳首を弄ばれた。

「ちょ、ちょっと……ここじゃマズいでしょ……」

私は耳打ちしたが、高木は笑みを浮かべたまま、無言で愛撫《あいぶ》を続けた。ブラウス越しとはいえ、一カ月ぶりだとゾクゾクしてくる。

私も手を伸ばし、院内パジャマを着ている高木の股間に触れてみた。すでにオチ×チンは、はちきれそうなくらいふくらんでいた。

私にもスイッチが入る。

さすがにここでのセックスは無理だけど……少しだけ……。

高木のズボンの中に手を入れ、パンツの上からオチ×チンを軽く握ってみる。

「うっ……」

高木が声を漏らした。

パンツの中に手を忍びこませると、勃起の先端から溢《あふ》れている先走りの粘液をローションがわりに亀頭部をやさしく撫でてみる。

私は、自分自身も潤んでいる気がした。

「涼ちゃん……イイよ」

興奮ぎみに、彼が声をあげた。

「シーッ！」

私は人さし指を口に当てて合図をした。

もしかして音と声さえ漏れなければ、このままセックスできちゃうかもしれない。

オチ×チンから溢れた先走り液で、私の手はヌルヌルになっている。上下に擦《こす》ってみると、

「あっ……それ、イッちゃう」

高木の興奮した声に押されて、このまま挿入してしまおうかと考えはじめていたときだった。

カッシャーン！

隣のベッドから、なにかが落ちた音がした。

その音に驚いた私は、あわてて身だしなみを整え、高木の体の上から下りてベッド脇に座りなおした。すごい早業である。

高木も病院服を整え、隣の様子をうかがう。

どうやら、携帯電話かテレビのリモコンを落としただけのようだ。

「もうすぐ退院なんだし、そしたら続きはできるから。今日はここまでね」

私は高木にそう言った。

先ほどの物音で私はビビッてしまい、ヤル気がすっかりリセットされていた。

だが、私がベッドから立ちあがろうとすると、高木が私の手を引っ張り、股間に押しつけた。オチ×チンはまだ勃起したままだ。

「ちょ……ちょっと待ってよ。ヤバいって……」

私は焦って高木の手を払いのけようとしたが、高木は私の手を放さず、自分のパンツの中に導いた。

私はチラッと時計を見た。

そろそろ夕食の時間だし、どうしよう……。

「涼ちゃん、舐《な》めて」

高木は私がリセット状態なのにはかまわず、呟《つぶや》いた。懇願するような、せつなげな表情だ。

もし今、誰かがここに入ってきたら、確実に見られてしまう。緊張と焦りで心臓はバクバク、体もジットリ汗ばんできている。

これって、スリルありすぎでしょ……。

私はビクビクしながら彼のオチ×チンを口に含んだ。先端に舌を這《は》わせ、唾液をからませながら、根元まで呑《の》みこんでゆく。

「ううっ……いいっ……」

高木が声を出した。

「ね、声を出さないで」

私は焦って、小声で言いながら舐めまわした。

「ああ……そろそろ、ヤバいかも」

高木が喘《あえ》いだ。完全に声に出しているので、周囲にまる聞こえかもしれない。

オチ×チンを深く咥《くわ》えたまま吸引を強め、顔を上下させた。唾液が漏れてくる。手も使い、射精を促すようにしてみた。私は汗だくだ。

ああ、もう私も限界……お願い、早くイッて……。

そう思ったとたん、彼のオチ×チンが急に張りつめた。

射精が近そう！

私はさらに吸引を強めて、喉の奥までオチ×チンを含んでみた。

「イッちゃう！」

そう言うと、高木の体がビクビクと痙攣《けいれん》し、私の口の中に精液が一気に放出された。

「うぐっ」

私はあわててティッシュに出そうとしたが、間に合わない。一カ月分の精液はあまりにも大量で、口から溢れ出てしまい、床に垂らしてしまった。

なんとか部屋の入口の洗面所まで行き、残りの精液を吐き出し、うがいをした。

もうなんなの、この量の多さは……。

困惑しながら鏡で身なりを整えていると、ヘルパーさんが夕食を届けに来た。

「真人君、危なかったね」

私がベッドに戻ると、高木はスッキリとした表情ですでに食事をはじめていた。

「じゃ、続きは、退院したらね」

私はそう言って病院をあとにした。疲れた。

リセット状態だったのに、いつの間にか興奮していた自分に苦笑しながら、高木の大胆な一面にも驚いていた。

もしかしたら、マンネリぎみの私たちには、あのスリル感がいい刺激だったのかも……。

高木が退院してから数日後、私たちはカラオケボックスに来ていた。

高木が私にすり寄り、太ももに手を伸ばしてきた。

「今日のストッキング、スベスベしていて、触り心地がいいね」

「ん？　そう？」

今日の私の服装は紺のノースリーブと、白の膝丈スカート。下にやや明るめのベージュのストッキングを穿いていた。

高木が執拗《しつよう》に私のストッキングを撫ではじめた。

また、セックススイッチ入っちゃったのかな……。

高木の指先が、太もものつけ根を這いはじめた。

カラオケボックスの個室とは言っても、出入口のドアはガラスで、真ん中部分が見えにくくなっているだけ。上下部分は透けている。角度によっては、外から部屋の中が見えてしまう。部屋の中からも、廊下を往き来する人の姿が見えるのだ。

だが、高木は周囲を気にするふうもなく、出入口側のソファに移動すると、私を自分の太ももの上に向かい合って座らせた。

「ここなら、外からは死角になると思うし、なにをしてるか、わかりっこないよ」

高木は得意げに言うと、ズボンとパンツを脱ぎはじめた。

これって、入院してたときと同じパターンじゃん……。

そう思いながら高木の前でひざまずき、オチ×チンを握ってみた。

「うっ」

高木が呻《うめ》いた。病院のときと同じ、発情した表情だ。

「じゃあ、人が通ったときは、見られてないか、しっかりチェックしててね」

私はそう言うと、オチ×チンに口をつけた。先端から溢れている先走りの粘液をひと舐めし、カリ首のくびれにゆっくりと舌先を周遊させる。

ヤバい。私にもセックススイッチが入りそう……。

「涼ちゃん、ノーパンの上からストッキング、穿きなおしてよ」

高木が要求してきた。ストッキングの肌触りを楽しみながら、さらに興奮を煽《あお》りたいのだろう。

「しょうがないなぁ」

私は躊躇《ちゆうちよ》するフリをしながらソファを下り、ストッキングとパンティーを脱ぎ、ノーパンの上にストッキングを穿きなおした。

「これでいい？」

言いながら、今度は高木に背を向けてまたがった。

高木は私のスカートをまくってノーパンのストッキング脚を撫でまわし、お尻を持ちあげて、クロッチ部分を凝視しながら、クリトリスをいじりはじめた。

「ああっ……」

私は思わず声を出し、あわてて口をつぐんだ。隣の部屋に聞こえてしまうからだ。

高木がストッキングのクロッチ部分に爪をかけ、ピリリッと破った。露《あらわ》になった割れ目を指がなぞる。

「……うっ……うぅ」

ここまで来ると、外廊下を通る人のことは、気にならなくなっていた。

高木は私を対面座位の体勢にさせ、破れたストッキングの間から、オチ×チンを挿入した。

「ああっ、涼ちゃん、すぐ入っちゃったよ」

高木が呟いた。ふだんのセックスだとほとんど言葉を発しない高木だが、こういうスリリングな状況だと人が変わるようだ。私も、思うように声を出せないもどかしさで、かえって興奮していた。

あ……もう、あの感覚が来ている……。

奥のほうで上部が擦れるたびに、イケる感覚が迫ってくる。今回はいつもより早い。

隣の部屋の歌声はとぎれることなく続いているので、声を出しても大丈夫かも……。

私は激しく腰を押しつけた。

「んん……イッちゃう」

「俺も……イクッ」

私は頭が真っ白になり、体がビクビクと痙攣した。

以来、私たちはときどきスリルを愉《たの》しんでいる。いい年をした大人が……と思うこともあるが、マンネリの防止には最適だ。

童貞卒業旅行

東京都・公務員・五十三歳

「もう入れたい？」

彩花《あや》さんに訊《き》かれ、私が素直にうなずくと、彼女はうしろ向きになり、真っ白なお尻を突き出した。

「うしろからのほうが、はじめてのときは入れやすいんだよ。ほら、ここ」

大学二年の夏休み。私たち男子学生五人はフェリーで神津島《こうづしま》へ向かった。

当時は三光汽船《さんこうきせん》が伊豆七島界隈《いずしちとうかいわい》を席巻《せっけん》していて、毎日、竹芝桟橋《たけしばさんばし》からフェリーが行き来していた。

旅程は汽船内での宿泊を含め三泊四日。ただ、フェリーは若者たちでひしめいており、客室で寝泊まりするのは不可能だった。そこで乗船客のほとんどは汽船内の広いデッキに陣を取り、思いおもいの夜を過ごすことになる。

その日は台風の影響で出航時間が遅れたものの、台風はすでに日本を通過していたので、神津島ゆきの出航を断行すると汽船側は判断していた。ただし、島近辺のうねりがひどい場合は、着船せずに東京へ引き返すとも言っていた。

だが、せっかく出航して途中で引き返すなんてことはないだろうと高をくくった私たちは、チケットを払い戻さず、デッキの一角に荷物を降ろした。

すると、隣に五人組の女性たちがやってきて座った。

私の友人のひとりがトランプをバッグから取り出す。

「女子高生かな。トランプをいっしょにやろうって誘ってみようぜ」

「お、いいな」

「よし、佐藤《さとう》、おまえ、行ってこいよ」

言い出しっぺの山下《やました》が、私に突撃してこいと言う。

「え、なんで俺が？」

「おまえがいちばん見た目も話しかたもソフトだからだよ。こういうのは、第一印象が大事なんだ。オドオドしてたり、逆にガツガツしてたりすると引かれるから。おまえがちょうど適任なの」

そう言うと、山下はニヤッと笑って、自分の肩を私に軽くぶつけてきた。

彼はリーダー格で、率先してグループを引っ張る。ただし自分は動かず、理屈で人を動かすのだ。それに、この中で彼だけが唯一、童貞ではなかった。

「ということで、よろしく」

強引にトランプを持たせるので、仕方なく立ちあがり、私は隣に向かった。

「こんばんは。よかったら、僕らといっしょにトランプやらない？」

輪になっている集団の誰にともなく、トランプをかざして問いかける。

全員がこちらを向いたかと思うと、笑みを浮かべて互いに顔を見合わせている。

ダメかなと思ったとき、

「いいですよ。やりましょ」

リーダーであろう女の子が笑顔を向けた。

ナンパ成功。笑顔で応じてくれたことにホッとした。

「じゃ、ほかの男たちを呼んでくるね」

振り返ると、会話を聞いていた男たちはすでに腰を上げていて、ニヤニヤしながら女子集団の中に入ってきた。

私たちは車座になって、大貧民やババ抜きをやった。島まで片道九時間かかるので、時間はたっぷりある。

体力のありあまっている私たちは、お菓子をバリバリ食べながら一睡もせずにゲームで盛りあがった。

そのうち外の水平線が薄っすら見えるようになると、私たちは船外のデッキにくり出した。陸がまったく見えない大海原の水平線から眩《まぶ》しい朝の光が立ちのぼってくるのを眺める。

到着までにはまだ多少時間があるので、いったん船内に戻った。さすがに徹夜疲れか、何人かは横になってしまう。

私もウトウトしていたが、そのとき船内が慌ただしくなった。

「おい、島が見えるぞ」

誰かが叫ぶと、多くの若者が船外デッキへと向かっていった。私もあとを追う。

甲板に出ると、海の向こうに陸が見えた。ようやく神津島に到着だ。

ところが、しばらくしても島に近づく気配がない。

ん、止まっている？

不審に思ったとき、船内アナウンスが入った。

「ご乗船のみなさま、台風の影響でうねりが高く、接岸できない状況です。ここにいても仕方がないので、東京に帰ります」

えーっといううなりが、大海原に響きわたった。と、同時に、

「うげぇ」

あちこちで喉を絞るような音があがる。船べりに駆けよる若者たちが、海へ吐瀉物《としゃぶつ》を放り出していく。

その様子を見ていた私も、こみあげてくるものを抑えきれなかった。食べたものをぜんぶ海へ吐き出す。

今までの睡眠不足とうねりを身体が無意識に我慢していたのだろう。緊張の糸が切れ、吐きまくるまわりの光景に触発されてしまったのだ。

ひととおり胃の中のものを出し、船内に戻った。あとは、仲間全員とヤケになって爆睡するしかなかった。

東京に戻れば、払い戻しをするか、ふたたび出航する便に乗るかを選択することになる。

そして、竹芝桟橋に到着。仲よくなった女子大生たちは払い戻しを選んだ。

苦しい航海にはなるが、私たち五人は全員一致で目を血走らせながら、新しいフェリーに乗りこんだ。

翌朝、無事に神津島へ降りたった私たちは、民宿に寄って荷物を降ろし、海に出た。

台風一過の晴れわたる空に、灼熱《しゃくねつ》の太陽。すでに砂場は熱く、裸足《はだし》では立っていられない。シートを敷いて寝そべるが、とにかく暑い。それでも睡眠不足がたたって、全員がうつ伏せで眠ってしまう始末だ。

誰かが、

「暑い。もう無理だ、民宿に帰ろう」

と言い出すまで、数時間が経過していた。

オイルを身体に塗っていたにもかかわらず、部屋の布団で横になると、背中が敷布に擦《こす》れて激痛が走った。

「おまえ、肩にすごい水ぶくれができてるぞ」

そう言った友人の肩も背中もひどい状態で、ほとんど火傷《やけど》だ。全員、瀕死《ひんし》の重傷で寝られず、はあはあと喘《あえ》いでいる。

「ヤバいよ、この痛み。夜にくり出せなくなる。とりあえず、冷やそう」

山下の言葉に従って宿で氷をもらい、身体中に当てまくった。

数時間後、痛みがややおさまったところで夕食を堪能《たんのう》した私たちは、待望の夜の島にくり出した。

付近は若者でごった返していた。商店街があるわけでも、お祭りがあるわけでもなく、海ぞいの道いっぱいに人がわんさかいるのだ。

私たちは、ぶらぶらしながら女子集団を物色したが、めぼしい女子には、すでに大勢の男たちが声をかけまくっている。

「どうする。声かけしてフラれた男のあとに突撃するか?」

ガードレールに寄りかかった山下が私たちにたずねる。すると、突如湧いてきたように、三人組の女子が近くに現れた。

私の見つめる向こうに気づいた山下。

「おいおい、チャンス到来。もう一度、佐藤の出番だな。行ってこいよ」

そう言われた私は、ここまで来たんだから当たって砕けろだと前に進み出た。

女子たちは電灯の下にいるものの、暗くて顔がよく見えない。シルエットからは、いたってみんな普通の体形だ。

「こんばんは。よかったら、海辺で花火しない？　あっちに何人かいるんだけど、いっしょに遊びたいなぁと思って……どうかな？」

私が友人たちのいるほうを指さすとそちらを見て、三人がお互いに顔を見合わせた。

「いいよ」

と、あっさり笑顔で応えてくれた彼女らに近づく。

顔面偏差値もみんな普通だ。若い。おそらく高校生だろう。全員Tシャツにホットパンツ姿だが、その中でひとりだけ大人びた雰囲気を醸す長髪の子がいる。

私たちは海辺にくり出し、打上花火や線香花火で遊んだ。

聞けば、彼女たちは栃木県から来た専門学校生で、私たちと同い年だった。

話しているうちに、いくつかのカップルに分かれた。山下は髪の長い女子と、ほかの四人が女子ふたりと……。

ガタイのよい清水《しみず》と、ふだんはおとなしい中村《なかむら》が、女子にガンガン話しかけてゆく。気づくと、山下と髪の長い子の姿が見えない。連れ出しに成功したらしい。

「山下たちもいなくなったし、花火はあのふたりに任せて、路上にくり出そうぜ」

残りの女子の中に好みのいなかった私は、原田《はらだ》を誘った。

原田は背が低く、かわいい顔をしていて、よくしゃべるのだが、気が小さい。誰かの誘いがないと行動できないタイプだ。

路上で物色するつもりだったが、海辺を歩いて探していると、護岸に人影が見えた。どうやら女性のようである。

海辺は月明かりで路上より明るい。わざとジャリジャリ音を立てて近づいてゆく。缶ビールを片手に歓談しているようだ。思いきって声をかけた。

「こんばんは。僕らも、混ぜてもらっていいですか?」

振り向いたふたりの顔を見て驚いた。ひとりは切れ長の目をした超美人で、ハーフパンツから伸びる脚がすらっと長い。もうひとりはやや垂れ目だが、白くてムチムチとした肉感的な肢体をしている。

雰囲気が落ちついているので、ふたりとも年上だろう。

「いいよ。君たちは、いくつ？」

「ふたりとも二十歳です」

「おっ。若いね。大学生？」

「はい、そうです。お姉さんたちは？」

「いくつに見える？」

「ううむ。二十二歳」

「おっ。当たってるよ。東京の大学？」

「そうです。わかります？」

「なんとなくね。私たちも東京からだよ」

彼女たちは短大時代の友人で、今は別の会社でＯＬをしているとのことだった。

超美人のほうが睦美《むつみ》さんで、相方のムチムチ肢体が彩花さんという名前だそうだ。

話好きな彼女たちから、いろいろ質問される。

「この島にはなんで来たの？」

そう訊かれたが、さすがに童貞を捨てに来ましたとは言えない。

「友達五人で、きれいな海で遊びたいと思って」

「遊ぶって、なにして。遊ぶようなとこないよ。あっ、ライブハウスが一軒あったけど、まさかそれじゃないだろうし」

答えられずにいると、察してくれたのか、助け船を出してくれた。

「まあ、あれかな。開放的な島で、女の子と仲よくなって……って、感じかな？」

嫌味ではなかったけれども、探るような物言いだ。

「あ、いや、そのお……」

口をもぐもぐさせながら、私が返事できないでいると、

「ちょっとふたりで散歩しない？」

と、超美人が私に顔を寄せ、誘いをかけてきた。

「え……は、はい」

ドギマギしつつ、頭を縦に振る。

彼女が腰を上げた。

「ちょっと彼といっしょに散歩してくるね」

相棒のムチムチ系にそう言うと、すたすたと歩き出した。私もあわててあとを追い、横に並んだ。

海辺を離れて内陸に進んでいく。散歩というよりは、どこか目的地があるような足どりだ。

しばらくすると小さな公園に着いた。彼女がベンチに腰を下ろしたので、私も隣に座った。

「じゃ、君がしたいことをしよ。まずズボンとパンツ、下ろしてみようか？」

こちらに身体を向けて、彼女がニヤッと笑う。

唐突に告げられ、私は一瞬で固まった。

「ほらほら、早く」

私はおずおずとズボンに手をかける。

「あっ。もうパンパンになってるじゃん。元気だねぇ」

テントを張った中心が引っかかって、ズボンとパンツを脱ぐのに手こずる。

「腰を上げないと、無理よ。手伝う？」

「い、いや、いいです」

一気に下ろした。ビヨヨンという音がしたかと思えるほど、反り返った赤黒い抜き身がはじけ出る。

「どれ……」

右手で竿《さお》をやさしくつかまれた。グニグニと握られ、上下にゆっくりしごかれる。

「うう……」

はじめて女性にチ×ポを触られ、えも言われぬ快感が体中を駆けめぐった。

「すごく熱くて、硬い」

耳もとでそう囁《ささや》くと彼女は指で輪を作り、カリのくびれを擦りあげるように何度も動かしてくる。

「あっ、ああっ」

とつぜん、チ×ポの中をビクビクッと稲妻が走った。ピンポン玉のようにふくらんだ竿頭を手のひらでくるまれ、円を描くようにされる。

尿道口が開いたり閉じたりする感触に、腰がビクビクと跳ねてしまう。当初のこそばゆい感覚から、ほんの数回のいじくりで、もう我慢できなくなってきた。

「あっ、それ以上、動かしたらヤバい……」

「えっ、早いよ」

手の動きを止められてしまった。腰奥で快感の波がすうっと引いていく。

「どう。気持ちよかったでしょ?」

「は、はい」

私は軽くうなずいた。

「もっと気持ちいいことしてあげる」

こちらを向いたまま、彼女がしゃがみこんだ。

ピクピク震える竿頭をカプリと頬張り、ぐっと喉奥まで呑《の》みこんでいく。

すると今度は、引き抜くようにしてカリ下を唇で挟みこみ、竿頭をねぶるように舌を這《は》いまわらせる。

股間の奥にものすごい刺激がビンビン走りまわった。

もう煮えたぎるマグマの射出を止めることができなかった。尿道をふくらませて、どろりとした塊が、彼女の口内にドピュンドピュンと注がれていく。

「うぐっ」

喉を鳴らせて、断続連射をすべて口の中で受け止めてくれた。

射出がおさまると絞るようにして口を離し、おびただしい量の精液を吐き出した。

「すごい勢いだね、ビックリしちゃった。それに量も多い。気持ちよかったんだね」

彼女の口もとからは湯気が漂い、潤んだ目の様子がいやらしい。

「えっ？」

あまりの気持ちよさに惚《ほう》けてしまった私は、彼女が続けて発した言葉を聞き逃してしまった。

「だから、今日はここまでにして。明日、私の泊まってるところに来る？」

「あ、はい、うかがいます」

こうしてふたたびこの公園での待ち合わせを約束した。

自分たちの宿に帰ると、すでにほかの四人も戻っていた。山下は彼女の泊まっている宿に行き、ほかのふたりは私たちがいなくなったあと、女子に逃げられてしまったようだ。

原田は残念ながら勃《た》たなかったらしい。彼は繊細な男なのだ。山下たちには今回の件は黙っておいた。

明日の夜の件を原田にだけ内緒で話し、ふたりで彼女たちの宿に行こうと誘った。

翌日、うまい具合に二手に分かれ、私たちは昨夜の公園に向かった。やや遅れて、彼女がやってきた。

「あら。ふたりで来たの？　まあ、いっか」

睦美さんは屈託なくそう言い、続けて、

「宿に彩花もちょうどいるから、行こっか」

と促した。

彼女のあとについて、しばらく行くと、

「ここだよ」

彼女が指さした。ペンションのような造りのロッジだ。

ロッジの中はしゃれた洋式の造りで、居間に案内されると、彩花さんがいた。

「あれっ、ふたりで来たんだ」

さほどびっくりしたふうもなく呟《つぶや》いた彩花さんは、タンクトップにショートパンツ姿だ。

明るいところでまじまじと見ると、化粧もしていないのに、目がクリクリしていてすごくかわいい。

「あれっ。彩花のこと、気にいっちゃったかな」

私を見ていた睦美さんがニヤついた。

しばらくお酒を飲みながら四人で歓談していると、睦美さんが立ちあがった。

「さてと、じゃ、原田くんは私と散歩に出るとするか」

そう言うと、ふたりで部屋を出ていった。

「睦美はねぇ、男の子を悶《もだ》えさせるのが好きなんだよね。なんかセックスより、口や手でイカせるほうが好きみたい」

彩花さんがイタズラっぽい目で、こちらを窺《うかが》うように言うと、私の手の上に自分の手を重ねてきた。

「じゃ、私たちもしよっか」

そう言いながら、彩花さんは私のシャツに手をかけ、するするとたくしあげた。そして上半身が露《あらわ》になると、今度はズボンを脱がせにかかる。私も無言で彼女のタンクトップとショートパンツを脱がせてゆく。

ふたりとも一糸まとわぬ、生まれたままの姿になった。

彩花さんの肉体は適度に豊満で、やわらかそうな乳房の下方にはキュッと引きしまったくびれがある。

美しい女体に思わず息を呑み、私の股間が屹立《きつりつ》してゆく。

彩花さんの手が私の竿に伸びてきた。やわらかく包まれ、上下運動がはじまる。

彩花さんがM字に開脚した。促されるまま、桃紅色の柔襞の奥にツプリと指を埋没させる。

「ん、んっ……」

薄く開いた唇から、軽く鼻にかかった声が漏れる。

クチュクチュ……。

熱い潤みが指先に伝わってくる。

肉溝にそって撫《な》でさすっているうちに、指先が豆粒大の突起に当たった。そっと押してみると、ヌルンヌルンと四方に逃げてゆく。

「あっ、あっ」

彼女のゆるく吐く息が、私の顔にかかった。

互いの性器をいじくり合う姿があまりに卑猥《ひわい》で、ビクビクと竿の先が上下に振れる。

「もう入れたい？」

「は、はい」

彩花さんに訊かれ、私が素直にうなずくと、彼女はうしろ向きになり、真っ白なお尻を突き出した。

「うしろからのほうが、はじめてのときは入れやすいんだよ。ほら、ここ」

彩花さんは、V字にした指で自分の陰裂を左右に開いた。真っ黒な陰毛の向こうに赤い秘肉がヒクヒクと蠢《うごめ》いている。

「入れてみて」

「は、はいっ」

私は片手で彼女のお尻を支え、もう片方の手で自分の竿を誘導した。膣口にあてがっただけで、亀頭の先がツプリと入った。

くくくっと膣道の中を竿が滑り、柔襞が奥へ奥へと導いてゆく。温かい肉襞がチ×ポの粘膜にまつわりついてきた。

ゆっくり引くと、肉襞がうねるようにエラ裏を締めつけてくるので、すぐに快感が押しよせてくる。

「うっ、うっ」

「オチ×チンの先っぽが、ググッてふくらんだわね。もう、イキそうなの？」

「は、はい」

「ダメよ、我慢して。おっぱいを揉《も》んで」

豊かな乳房が艶《なま》めかしくプルンプルンと揺れている。

グッと腰をお尻に押しつけ、乳を絞るようにわしづかみにした。

手のひらに彼女の体温を感じつつ、乳先のとがりが円を描いて揺れるさまを見つめていると、竿下がツーンとしはじめた。

「あっ。イッちゃいます。もういいですか？」

「ダメ、まだよ。ちょっと待って」

彼女は体を前にずらして、いったん私の勃起を引き抜くと、今度は仰向けになり、大きくM字に脚を開いた。

「今度はこれで入れてみて」

今度は正常位での挿入を促してきた。

かわいい顔が快感にゆがむのを目《ま》の当たりにすると、こちらにも快感が襲ってくる。

膣肉がチ×ポに寸分の隙間もなくまつわりつく。数回腰を使っただけで、熱い塊が根元から尿道を駆けあがってきた。

「う、うっ……」

「ああん、外に出してね。中に出しちゃ、ダメよっ」

私の限界を悟った彩花さんが警告してきた。

「あ、はいっ」

牛乳を口に含んで笑わせられたときのように、間一髪のところで精液が彩花さんの陰阜にドピュッと勢いよく飛び散った。

「あっ、ううん……」

彼女はお尻をビクッビクッと小刻みに震わせると、指先ですくい取った精液を自分のクリトリスにヌルヌルと塗りたくった。

「ああっ、イクッ」

陰裂に人さし指を挟んだ腰を突きあげ、彩花さんが達した。

女体になれていない童貞男のチ×ポの動きだけでは満足できなかったようである。

そばにあったタオルで陰阜に飛び散った精液をきれいに拭い終えると、彩花さんが私に向きなおった。

「君、女は本当にはじめてだったの？」

「は、はい、はじめてです。下手ですみませんでした」

私は正直に答え、謝った。

「そうか。はじめてなら、誰でもこんなもんじゃない」

「そうでしょうか」

「そんなことより、今出したばかりなのに、もう勃ってるじゃん」

彩花さんが私の股間を見て、驚いたような声をあげた。

「……え？」

下を向くと、正座した両膝の間から、チ×ポが雄々しく顔をのぞかせていた。

さすが、若さである。ふたたび勃起したというよりも、一回放出したくらいでは萎えないのである。

「ということは……もう一回、できるの？」

「えっ……あっ、はい、もしよかったら、させてください」

「いいわよ。でも、急いでね。睦美たちが帰ってきちゃうから」

そう言うと、彩花さんはもう一度仰向けになり、脚を開いた。

「入れる前に、オチ×チンの先っぽをきれいに拭いておいてね。さっきの精液が残ってるかもしれないから」

「は、はい」

私は彩花さんがわたしてくれたタオルで亀頭部をきれいに拭うと、再度彼女の体の上に重なっていったのだった。


しばらくして、睦美さんと原田が戻ってきた。原田の表情から、首尾よくいったのがわかった。

とは言っても、睦美さんの場合は、セックスでなく、手コキとフェラだけなのだが……。


あとで原田に訊いたが、やはりそれだけだったようだ。

それにしてもこんな経験は、したいと思ってもなかなかできることではない。天が味方したというべきか、運がよかったと言うべきか……。

「あのぉ、どうして僕らと……？」

疑問に思ったことを正直に訊いてみた。

「こういうところに来る男って、女が欲しくてガツガツしたやつか、おどおどしたやつばっかりなんだよ。だけど、君らはなんか見た感じ、そういう連中とは違うなって。そんな男の子とならって思ったんだよね」

睦美さんがそう言うと、彩花さんがうんうんとうなずいた。

そのあとで互いの連絡先を交換したものの、まだ携帯電話などなかった時代なので、結局は連絡が取れずに終わってしまった。

徹マン待ちの私

滋賀県・OL・四十三歳

私はふだん、仕事が終わると寄り道せずに帰るほうだ。

ところが三十五歳を過ぎたころから、定期的に無性にハンバーガーが食べたくなり、近所のバーガーショップに寄ることがあった。

十九時をまわっているのに店内は混んでいる。スーツ姿の若い男性ふたり組の隣で、大きな口を開けてハンバーガーを頬張りながら、私は彼らの会話に聞き耳を立てていた。

「麻雀《マージャン》したことあるか」

「ある、ある。大学のころ、ようやってたわ」

「取引先の社長がやらへんかと言ってきたんや」

「ええやん。そやけど、はまりすぎんなよ」

「わかってる。麻雀やるやつは親の死に目にも会えへんて言うもんな」

「そやそや」

私は思わずふたりの顔を見る。二十代後半だろうか。

朝まで麻雀をしたら、彼らのオチ×チンもギンギンに勃起するのか……。

なんだか落ちつかない。

私は元カレとの最高のセックスを思い出していた。

当時の私は、徹マンあとの元カレに抱かれることを待ちこがれていた。だって、疲れマラ状態のオチ×チンはいつもよりギンギンにスケールアップしていたからだ。

そのときの快感は、今でもときどき思い出してひとりエッチをするほど、身体が記憶している。

二十八歳のころ、私はホテルの受付で働いていた。一五五センチ、四十八キロで、控えめなCカップの胸とぷりんとしたお尻。彼はそんな私の身体をちょうどよいと言ってくれた。

ふたつ年上の彼、野田雅弘《のだまさひろ》。コピー機器の会社で営業をしていた。友達主催の飲み会で出会った雅弘は一七〇センチで細身。髪は短く、目がくりんとして、流行の白のTシャツとジーンズがとても似合っていた。

二度目の飲み会で、雅弘が私の黒髪をとても褒めてくれ、私も彼の穏やかな雰囲気が居心地がよかったのもあり、そこから男女の関係がはじまった。

彼は週休二日だったが、私の休日は不規則だったので、お互いの休みが合うときには、彼の家で愛し合うことが定番だった。

ふたりとも実家暮らしだったが、私は彼の両親と仲がよく、いっしょに買いものに行ったり、ご飯を食べたり、泊まったり、かなり自由にさせてもらっていた。

彼の部屋は離れのプレハブで、どれだけ愛し合っても邪魔が入ることがない。つき合って一年が過ぎても、ふたりのラブラブ状態は継続していた。

そんなある週末、連休を取れた私は、久しぶりに彼の家で過ごすことにした。

一月も終わりだというのに、雪がしんしんと降りつもってゆく。部屋でまったりと過ごし、彼の家族といっしょに鍋を囲み、早めの夕飯も済ませた。

まだ十九時だというのに、近所も静まり返っている。そのままみなで、リビングでテレビを見ていると、電話が鳴った。

どうやら彼の上司のようだ。彼が敬語でしゃべり、お辞儀までしている。

「はい、はい、わかりました。じゃあ、あとで」

電話を切って、彼が私を見つめた。

「今から麻雀に行かなあかんようになってしもた」

「あんた、なに言うてんの。美佳《みか》ちゃん、来てるのに」

洗いものをしながら、彼のお母さんが呆《あき》れた声をあげた。

「ほんまや。おまえ、いつから麻雀なんて覚えてたんや」

お父さんは男のつき合いだから仕方がないとばかりに、笑顔でミカンをおいしそうに頬張っている。

「どうしても人数足りひんから来てくれって」

「なんで断れへんのよ」

「いいんですよ、上司の誘いは断りにくいから」

「そやけど、雪も降ってるし」

「美佳は泊まっていったらええやん。かまへん、朝には帰ってくるから」

「勝手なことばっかり」

ご両親の小言を聞かないよう、彼は部屋に戻り、準備をはじめる。私も飲みかけのコーヒーを片手に彼の部屋へ向かう。

こんなことなら、昼間にセックスしておけばよかったと思う。せっかくのお泊まりなのに彼がいないのは、やはり寂しい。

「はよ行かなあかんやろ」

「そやな、行ってくるわ」

私が発情しないように軽くキスをして、雅弘は出ていった。


車のエンジン音が聞こえる。雅弘が帰ってきたのか、夢なのかよくわからない。ドアが開き、冷たい空気が一瞬入った気がした。無意識で毛布を身体に巻きつけると、雪を払う音と、ジャンパーを脱ぐ雅弘の気配がした。

「あれ、雅弘……お帰り」

もごもごと声をかける私の横へ、すっと雅弘が入りこんできた。

「ただいま。起こしてしもたな、ごめん、ごめん」

「今、何時なん」

「六時前。さぶいわ、ちょっと美佳で温まるで」

「いいけど、冷たいやん」

雅弘が私にぎゅっと抱きつき、背中に手をまわす。

「めっちゃタバコの臭《にお》いするやん」

「ほんまか、俺は美佳の匂いしかせえへんけどな」

毛布の中で聞こえる彼の囁《ささや》きが、欲求不満のまま寝た私を慰めているようだ。少しずつ私の身体が、彼を欲しがりはじめる。

とつぜん、スエットの中に彼の手が滑りこんできた。温かい素肌にひんやりした刺激が心地よい。

「ちょっと、なにすんの」

「ちょっとだけやん」

背中を撫《な》でていた手が少しずつ脇腹に移動し、乳房にやさしく触れる。

「あぁ、こしょばい」

彼の髪が私の頬にこすれ、私が身体を左右に揺すると、いい具合に彼の指が乳首に触れる。

「いやや、あぁ」

不思議なほど身体が言うことを聞かない。彼はもぞもぞと布団の中へ潜りこみ、ゆっくりと乳房を舐《な》めまわす。舌でこりこり具合を執拗《しつよう》に確認されると、私はたまらず声を漏らした。

「ううっ、はぁ……っ」

彼の体温が少しずつあがり、毛布の下で男と女の淫らな空気が漂いはじめる。

「ほら、ここ、すごいで」

彼に言われるまでもなく、自分でもわかっていた。薄いパンティーでは隠しきれないほど、そこが濡れそぼっていることを。

彼が私のズボンとパンティーを一気にずらし、生ぬるい茂みをかき分けながら、愛液をくちょくちょと指ですくった。

「気持ちええんか」

いつもより彼の言葉が多いのは気のせいだろうか。

「いやっ、あん、そこ」

「もっと感じてみ」

私が彼に脚をからめようとすると、なにかが太ももに当たる。思わず彼の下半身に手を伸ばすと、信じられないほど硬い物体が、トランクスの下で脈を打っていた。

なにか違う。

私は、思わずトランクスの上から怪しい物体を撫でながら起きあがり、なにがどうなっているのかを確認することにした。

目を閉じて気持ちよさそうな彼を見下ろしながら、ゆっくりトランクスを下げる。ぷるんと飛び出した肉塊の先っぽは我慢汁でじんわりと濡れていた。

いつもより膨張し、天を仰いでいるその姿は、雄叫《おたけ》びをあげている気がして、さわやかな朝を冒瀆《ぼうとく》していると思った。

思わず彼にまたがり、ずっぽりと一気に私の中に呑《の》みこんだ。

「あぁっ、あぁ」

「美佳、ううっ、待ってくれ。あかん、あかん」

一瞬で絶頂にたどり着くかのようなフィット感。奥まで貫き通され、身体がのけぞる。自然と腰が上下に動き、そのリズムといっしょに、互いを激しく締めつけ合っていた。

「雅弘、気持ちいい。あぁ、なんかいつもと違う」

「そうか。あっ、動いたらあかんで」

彼のオチ×チンは暴発寸前だ。まだ挿入して三分も過ぎていないのに、子宮の中で鐘でも鳴らされているような、がーんがーんという快感が私を襲う。

「いやぁ、あぁ、あぁん」

「あん、あんっ、うん」

「俺、イッてもええか」

「ぐっ、うっ、あぁ、イクゥ」

そのまま私は彼の胸に倒れこんだ。まさに頭の中は真っ白。こんなすごいオーガズムは、はじめてだ。

細胞の一個一個がざわついているような、私の子宮の中で蛇がのたうちまわっているような、もわんとした感覚。

「もう、あかん」

「大丈夫？　ちょっと待って、すごい量やな」

お腹《なか》の上にまき散らされたのは大量の白濁液。こぼれないよう注意しながらティッシュで拭き取り、最後に彼のペニスも拭いておこうと思ったら、スースーと寝息が聞こえる。

「え、寝たんか」

彼はすうっと昇天したようだ。それだけ気持ちよかったのなら、私もうれしい。

私は毛布の中にまるまっていたパンティーを探しながら、だらしなく右よりに垂れ下がる彼の股間をまじまじと眺めた。

「いつもあんなに大きかったかなぁ」

これが俗にいう疲れマラ……？

それとも夜にお預けになったぶん、私が悶々《もんもん》としすぎていたからなのか……。

いずれにせよ、あの絶頂感が本物のエクスタシーというのかもしれない。

ふと時計を見ると、まだ六時半だ。全身の力が抜け落ちた私も、雅弘の隣でそのまま横になり、十時まで寝てしまった。

「なぁ、そろそろ起きて」

午後一時。いい加減、テレビに飽きてきて、外の空気が吸いたくなった私は、雅弘を揺さぶった。

「ううむ、何時や」

「もう午後の一時やで」

雅弘が反応して大きく伸びる。

「あれ。俺、寝てしもた」

「うん」

「こっち来てえや」

「なんでよ、まだ寝ようと思ってるやろ」

「はよおいで」

私が断らないのを知っているから腹が立つ。両手をひろげている彼の隣へ背中を向けて滑りこんだ。

朝のセックスのことばかり考えている私。少しでも触られたら、簡単に淫乱のスイッチが入る。とても恥ずかしくて、彼の目を見ることができない。

「ごめんな、せっかく泊まりで来てくれたのに」

やさしく背後から話しかけてくるくせに、しっかり脚をからめ、私をうまく欲情させてくる。

「でも、美佳もめっちゃすごかったな」

「そんなことないわ」

「あかん、またムラムラしてきたわ。もう起きるわ」

「うん」

本当は愛し合いたいが、余韻を楽しむのも悪くないと思った。

以来、麻雀のおもしろさにどっぷりはまった彼は、毎週朝帰りの週末を過ごしていた。私は彼と平日に会えるので、麻雀に嫉妬もない。

抱かれているときの幸せな気持ちに変わりはないし、彼は毎回私をイクまで愛してくれるので、それで充分なはずだ。

ところが、私の身体はまだあの絶頂を記憶していて、もう一度味わいたいという衝動が日に日に強くなっていた。そして、そのチャンスが二カ月後にやってきた。

彼が土曜の夜に麻雀だと知っていた私がしかける。

「夜中に行って、寝て待っててもいい？」

「ああ、いいよ」

彼の返事を聞いてから、私は昂《たかぶ》りを抑えるのに必死だった。勝手にクリトリスがふくらみはじめるような興奮と期待に満ちていた。

早朝の六時。彼が帰ってきた。エンジン音も、鳥のさえずりもはっきり聞こえるぐらいに、私はぱっと目覚めてしまった。

ドアが開く。

「お帰り」

「ごめん、起こしたな」

前と同じように彼が布団に潜りこみ、私をやさしく抱きしめる。

私はすでに激しく欲しているので、彼の手が私の素肌を滑るたびに、うぶ毛が逆立つほど反応してしまう。

「服、脱いで」

彼がジーンズを脱ぎ、トランクス姿になった。中心にはぴいんとテントが張っていた。

「なに、じろじろ股間ばっかり見てんねん」

私の視線を笑顔でかわす彼だが、私は真剣だ。

いた。

その台詞《せりふ》と同時に、私の手はトランクスの隙間から入りこみ、オチ×チンに触れていた。

「触りたい」

「すごい。なんか、めっちゃ、かちんこちん」

上下にしごきながら、思わず呟《つぶや》く私の手を、ぎゅっと彼が押さえる。

「あかん、もうぱんぱん」

神々しいこのペニス。これだ。この瞬間を、私は待ちこがれていたのだ。

彼が射精を必死で抑えている。早くいっしょに絶頂に達しなきゃ。

「もう、挿《い》れて」

「えっ、もう？」

彼がゆっくりと挿入する。そのひと突きごとに、私はくねくねと動いていた。

「もっと、早く、もっと」

私がひくつくと彼がふくらむのか、彼が半分ほどで動きを止める。それでも熱く硬いペニスのせいで、私は小刻みに律動してしまい、あっという間に堪《こら》えきれなくなってしまった。

「イクゥ、あぁ、あぁっ」

次にこのエクスタシーを感じるのはいつだろう……。

薄れてゆく意識のなかで、そう思った。

ＶＩＯの女たち ―――― 兵庫県・会社役員・六十五歳

高校時代に甲子園《こうしえん》をめざしてともに汗を流した友人からゴルフの誘いがあった。

通常、ゴルフはメンバーを集めて予約するが、最近ではネットの予約専門サイトでのメンバー募集が主流になっている。

そんな今、あるサイトでメンバーを募集すると、女性からの応募もあるのだと言う。

「女性とゴルフができるってことか？」

「ゴルフだけやなく、あわよくばってこともある」

ゴルフのついでにアバンチュールも楽しむ有閑マダムと出会えるらしい。

「ほぉ、まるで出会い系サイトやな」

「まあな。出会い系の側面があるセレブご用達のサイトってとこやな」

「セレブならエエな」

「うん。セレブは安もんの出会い系サイトは使わんからな」

「安もん？」

「安もんは一発二万円やけど、セレブは金なんかいらん」

出会い系サイトを使ったことのない私は、安もんがどんなものか知らないが、女性とゴルフをして、そのあとに遊べるとあればうれしいかぎりだ。

ただし、サイトでの自己紹介文が成否の鍵を握るらしく、友人は紳士的で言外に牡《おす》の匂いを漂わせる文言を教えてくれた。

数日後、女性ふたりのエントリーがあったと、友人からメールが来た。

ふたりとも五十代半ばでゴルフは初心者らしい。

友人と私の自己紹介文が利いたのだろうか。女性から笑われないスコアを出さなければいけない。

「練習しとくわ」

「飛ばす練習だけでエエで」

「でも、下手やったらアカンやろ」

「女はスコアより飛距離に弱いからな」

飛距離だけなら自信がある。高校ではスラッガーだった友人は今でも二五〇ヤードを飛ばし、私はホームランを二本しか打ったことがないが、彼の近くまで飛ばせる。

「ボールは精液といっしょや。なるだけ遠くまで飛ばしたらエエねん」

「なるほどなぁ」

友人の説得力ある言葉に、思わず感心。

当日、クラブハウスで顔を合わせた女性は友達どうしで、セレブ感を漂わせていた。ウェアや小物には高級ブランドのロゴが入っている。

助平ジジイには荷が重いように感じたが、細身で美人の恵美《えみ》さんは友人好みだし、長身でほどよくムチムチの京子《きようこ》さんは私好みのタイプだった。

「今日はエエことありそうやぞ」

スタート前にトイレに行ったときに、彼がニンマリして言った。

彼の言うエエこととは、ゴルフのあとでこの女性たちと遊べるかもしれないということだ。

「恵美さんは、スケベそうやからな」

もう彼は恵美さんを口説く気でいる。

それぞれの好みにピッタリの女性たちだったことから、狙いの女は暗黙のうちに決まっていた。

「このサイトで知り合ったんやから、ゴルフだけで終わったら失礼やで」

含み笑いしながら、スタートホールに向かう。

彼がティーショットで豪快に飛ばした。

「うわあ、すごい！」

恵美さんたちが驚いた。

私も負けじとかっ飛ばす。彼には及ばないが、その近くまで飛んだ。

「うわあ、本当に六十五歳ですかぁ？」

「飛ばすだけで、スコアはサッパリですよ」

「スコアより、あれだけ飛んだら気持ちいいでしょうね」

ゴルフの話が精液の話にすりかわったような気がした。

「そりゃあ、美人ふたりを前にしたら飛びますすよ」

「あら、口も飛ばすんですね」

彼女たちへのインパクトはあったようだ。

前半の九ホールを終えるころには、友人と恵美さんは恋人どうしのように笑顔で言葉を交わし、私も京子さんと親しくなっていた。

「恵美さんはいけそうやで。そっちは？」

昼食を終えて後半の前にトイレに行ったときに友人がうれしそうに話した。

「いけるかもな。まだわからん」

「あいつらのパンティー、もう濡れてるで」

「ンなアホな」

「ま、がんばってくれ」

彼はペニスを振って滴を切りながら、ニヤッと私を見た。

後半の九ホールも飛距離で彼女たちの感嘆をもぎ取った。

そんな不埒《ふらち》なゴルフなので、スコアは友人も私も百十台だったが、そんな数字はなんの意味もなかった。

「俺、このあとドロンするからな」

ホールアウトして風呂に入っていると、彼が得意げに言った。

「ホテルか？」

「へへへ、スマンなぁ」

「いや、かまへんで。俺もやから」

「おまえもか！　ほな、お互いにがんばろう」

「彼女たちもそんな話をしてるのかな」

「そりゃそうや」


風呂を終えてロビーで待っていると、彼女たちが現れた。

派手なゴルフウェアとは打って変わってふたりとも落ちついた色目の品のよい服を着ていた。

京子さんはムチムチを隠すようなゆったりしたワンピースが似合っている。

「じゃあ、帰ろうか」

そう言うが早いか、友人は恵美さんのゴルフバッグを担いでさっさと車まで運んだ。

私たちと早く離れたかったのだろう。

京子さんと私は駐車場まで歩き、それぞれの車を車寄せに移動してバッグを積みこむ。もう友人と恵美さんの車は走り去っていた。

ゴルフ場から十分ほど走ったところの道の駅で京子さんは車を置き、私の車に乗りこんだ。そこから五分ほど走ったところにラブホテルがあった。

「恵美たちもここじゃないですかね」

さっきの道の駅に恵美さんの車があったらしい。

ラブホはガレージの上が部屋になっていて、空き部屋を探していると、友人の車があった。

「あいつらはこの部屋だ。隣に入ろうか」

ゴルフ場で風呂に入ったばかりなので、部屋に入ってすぐに京子さんを抱きしめた。熟女特有のやわらかな胸と大きなお尻が股間を元気にしてくれた。

「ようし、がんばるぞ」

「お手やわらかにね」

うしろを向いてバスローブに着がえる仕草がセレブらしく上品で、それでいてセクシーだった。

ベッドで京子さんの胸を揉《も》み、手応えを楽しむ。

「大きいね」

「恵美も細いけど、大きいですよ」

乳首を咬《か》んだり摘まんだりすると、ビクンとして声が出る。

「乳首は感じる?」

「はい」

下も敏感なのだろうか。クリトリスが感じるのか、中が感じるのか確かめようと手を伸ばした。

「あれ……剃《そ》ってるの?」

「いいえ、VIOです」

「VIO?」

「脱毛です」

「ご主人の趣味?」

「いいえ。将来、私が介護を受けることになったときのためにね」

「女って、そんなことまで考えてるんだ」

「そう考える人も多いみたいですよ」

「将来もいいけど、今もいいんじゃないか？」

「ふふふ、男の人にとってはそうかもしれませんね」

「私は今のために剃ってるけどね」

「えっ、剃ってるんですか？」

京子さんがムクッと起きあがり、私のチ×ポを見た。

「はじめて見ました。いいですね、清潔そうで」

「それに舐《な》めやすい」

「そうですね」

「舐めてみる？」

京子さんは返事をせずにチ×ポをつかんで咥《くわ》えた。

「ホント舐めやすい！」

ニコッと笑う京子さんがかわいい。

「もしかして、友人の方も剃ってるんですか？」

「うん、彼も剃ってるよ」

「恵美もＶＩＯしてますよ」

「じゃあ、やつらは今ごろ喜んで舐め合ってるぞ」

「恵美に聞いてみようかな」

私の剃毛《ていもう》がよほど気に入ったのか、京子さんは恵美さんに電話をかけた。隣の部屋に入ったことや、私が剃毛していることなどを話していた。

「恵美がツルツルのオチ×チンはおいしいって言ってましたよ」

電話を切った京子さんが、悪戯《いたずら》っぽく笑った。

京子さんを引きよせ、シックスナインになって舐め合う。舐めやすいせいか、京子さんはタマも竿《さお》も味わうように舐めてくれる。

私も無毛の丘は舐めやすく、クリトリスや尿道口もベロベロ舐めまわした。

気持ちよかったのか、京子さんは腰を退くような反応を何度も見せていた。

「入れていいですか？」

お互いにふやけるほど舐め合ったあと、そう聞くと、京子さんは向きを変えて私の上に乗り、チ×ポを深く迎え入れた。

「俺はエッチが好きだけど、京子さんも？」

「ええ、恵美ほどじゃないですけどね」

「恵美さんはすごいの？」

「うん。男性ふたりを相手にしたこともあるし」

「えっ、３Ｐ……京子さんは？」

「恵美といっしょに四人でエッチしたことがあります」

「それって、３Ｐよりすごいやん」

京子さんの言葉に驚きながら下から突きあげる。

「いやっ、ダメッ、待って！」

「どこか痛い？」

「ううん、最初はゆっくりしてください」

セレブはセックスでも注文をつけたいのだろうか。

京子さんは大きなお尻を私の腰に押しつけてチ×ポを深く受け入れ、腰を前後左右にゆっくりとくねらせはじめた。

「あそこで味わってるみたいやね」

下の口とはよく言ったものである。

「これがいいんです」

しばらく膣でチ×ポを味わったあと、ゆっくり上下に動き出した。

次第に京子さんの動きが速くなり、お尻が腰に当たる音が大きくなった。頃合よしと見て、下から突きあげる。

「あっ、あっ、んっ」

「もっと突こうか？」

「突いて、突いてください」

十回ほど激しく突いて、五回ほど小さく突く。それをくり返していると、京子さんが絶叫し、体を預けるようにして私と胸を合わせた。

尻肉をつかんで、なおも下から突きあげる。

京子さんはまたも絶叫した。

そのあと、いくつかの体位でつながり、最後は京子さんを四つん這《ば》いにして突いた。

大きなお尻を見ながらチ×ポを突きたてるという私の好きな体位で、自ずと射精が近づく。

「行くぞ。中でいいのか？」

返事のかわりに、京子さんはベッドに押しつけている頭を何度も縦に振った。

「またイキそう！　イッちゃう！」

「俺もイクぞ！」

大きなお尻をわしづかみにしながら、膣の中で精液を飛ばした。

ゴロンと転がり、ふたりで顔を見合わせる。

「ゴルフと言い、エッチと言い、ほんと六十五歳とは思えませんね」

「体力とスケベが取り柄だからね」

「お友達もそうなんですか？」

「そうだと思うよ」

「恵美も喜んでますよ、きっと」

恵美さんも、ということは、京子さんも喜んでくれたのだろう。

いっしょにシャワーを浴び、体を洗いながら、濡れて光る京子さんの体が眩《まぶ》しかった。残念ながら、ジジイのチ×ポはもう反応しなかったが、スケベな気持ちはふくれあがった。

シャワーを終えて帰り支度しているとき、京子さんのスマートフォンが鳴った。恵美さんからいっしょに食事しないかとの誘いで、道の駅近くの和風レストランで合流することになった。

食事を終えてコーヒーを啜《すす》っているときに、こちらのＬＩＮＥと携帯番号をメモしてわたしした。

「またゴルフに行きましょう」

友人の誘いの言葉に、恵美さんが悪戯っぽく笑って即答する。

「あら、ゴルフだけじゃないでしょ？」

「俺たちでよければ、もちろんアフターもね」


「また会いたいね」

京子さんの車まで送るときにそっとささやいた。

「そうですね。恵美たちはどうなんでしょうか」

「デートするんじゃないかな、気が合うみたいだったから」

「私たちといっしょですね」

「そうやな」

京子さんは私のことを気に入ってくれたようだ。

「じゃあ、俺たちも負けずに、ね」

連絡してもらうことを約束して別れた。

彼女たちは四人でプレイしたことがあるというので、次回は友人と恵美さんも交えて遊びたいものだが……。

遠征してきた人妻——奈良県・会社員・五十八歳

秋晴れのある土曜日。その日は絶好のスポーツ日和だった。

「本当は昨日のうちに帰ってないと、いっしょに来たメンバーたちに怪しまれないかな」

怜子《れいこ》にたずねた。

「大丈夫よ。チームの連中は家庭とバレーボールだけで手いっぱい。私のことなんか、誰も気にしてないわ。それよりあなた、私をここから早く追い出してしまいたいの」

怜子が色っぽい流し目で俺を見た。

「そんなわけないだろ」

俺は慌てて否定した。

当時、俺は四十八歳の単身者、怜子は三十八歳の既婚者で、理知的な細面の顔にショートの髪がよく似合っていた。子供がいないし、退屈でたまらないという理由で、週に三日ほど、近くのスーパーでレジ打ちをしているという。

ママさんバレーの県大会が開かれた前日の夕方、俺は怜子とはじめて顔を合わせた。

「お世話になります」

「どうぞ、ご遠慮なく。でも、古い家だから、お気に召すかどうか……」

怜子は淡いイエローのブレザーに、同色のフレアスカートという姿で、大きなスポーツバッグを抱えていた。

俺の家から私鉄特急で日帰りできる圏内に住んでいるらしい。

十月に入ったから少しは涼しくなってもよさそうなのに、その年はしつこく暑さが続いていた。

怜子に離れの鍵をわたしてから、寝室や水まわりの場所を教えた。

俺の家は敷地内に建物がふたつあり、両親が死んでからずっとひとり暮らしである。

家からは徒歩で体育館や野球場に行くことができるから、それらを利用する客をあてこんで、半年ばかり、離れで民泊をやっていた時期に、怜子からの申しこみを受けた。ママさんバレーの県大会でこちらに遠征してくるので、利用させてほしいとのことだった。

「ほかのメンバーは、どうなさるんですか」

「日帰りで試合にだけ来るそうです。旅行気分は私だけ」

「この地域は歴史があるところだから、日帰りはもったいないな。ま、関心がなければ、ただの田舎なんですけどね」

競技場だけでなく、家の周辺には有名な遺跡や寺院があり、見どころは多い。

白い歯を見せて、怜子が笑った。

「私のところは、もっと辺鄙《へんぴ》ですよ」

「明日の試合、がんばってください。試合後も一泊する予定になっている。僕も応援に行きたいけど、仕事がありますので、すみません」

その夜、怜子は試合に備えて、ぐっすり眠ったようだ。

もっともその時点では、彼女を狙ったつもりはなかったのだが……。

翌日の夕方、怜子が滞在している離れを訪ねると、戻ってきてシャワーを浴びたのか、彼女はサッパリした顔つきをしている。

「結果はどうでした」

「完敗でした」

「それは残念でしたね。よかったら、ここでくろいでください」

俺は彼女を庭の見えるサンルームへ連れていった。

「素晴らしい。灯籠《とうろう》もあって旅館みたいね。でも、これだけのお庭、手入れがたいへんでしょう」

「気が向いたときに、茶色になった葉っぱを落とすくらいです」

冷蔵庫から缶ビールを出し、彼女にわたした。

「ありがとう。お風呂あがりに最高だわ」

「バスタブ、新しいものに取りかえてみたんですが、どうでした？」

「ええ、とても気持ちよかったわ」

「狭かったでしょ」

「そんなことなかったわよ」

「リフォームしたときに、いちばん小さいバスタブしか入らなくて」

「充分だわ、お風呂もあなたも」

怜子が妖しく微笑《ほほえ》んだ。風呂あがりのアルコールが大胆にしているようだ。

俺はそれを聞かないふりをして、

「こんなものでよかったら、どうぞ」

自分用に買っておいた寿司《すし》を怜子に出した。

「うれしい。外へ食べに行くのは、面倒だと思っていたの」

食後、俺は怜子を茶の間へ案内し、地元の観光案内のＤＶＤを、テレビにセットした。

「私たち夫婦、結婚して十五年経《た》つんですけど、子供はできなかったんです」

訊《き》きもしないことを、怜子は口にした。

「それは寂しいですね」

「でも、それもまあいいかなと思って……バレーボールの仲間は、みんな中学生の子供がいるから、私のように自由なことはできないし」

「たしかに子供がいると自由が利きませんよね」

「でしょ。私は彼女たちより年上で、ずっとバレーボールやってきたけど、最近はおもしろくなくなって」

怜子は謎をかけるように言い、微笑んだ。

「これも、いただいていいかしら」

彼女はウイスキーを炭酸水で割った。

「公園までふらっと歩いてみようかと思ったけど、やめとくわ。暗くなってきたし」

酔いがまわって、面倒になったらしい。

「夜道は歩かないほうがいいですよ。公園の前の国道は信号がないんで、事故多いし
……」

酔っぱらった怜子をひとりで夜道に外出させるのは危険だし、俺にとっては彼女を口説くチャンス到来かと思ったのだ。

「外へ行かなくても、これを見れば充分よね」

怜子が観光案内の映像を指さした。

俺は怜子を軽くハグした。

「離れへ行こう」

耳もとでそっと囁《ささや》く。

「いいわよ。散歩よりもそっちのほうが……」

怜子の髪からは、シャンプーの香りがした。

充分に唇を吸ってから、怜子のジーンズのベルトに手をかけた。

「ちょっと待ってちょうだい」

彼女は自ら布団を敷き、電気を消した。

布団に横たわると、怜子は俺の下半身をまさぐってきた。

俺は怜子のTシャツを脱がせ、ショーツをはぎ取ると覆いかぶさってゆく。

「元気ね、お互いに」

怜子が俺の体の下で笑った。

暗がりの中に、酒くさい息を吐く音と、肌と肌がこすれ合う音が続いた。

風呂あがりだからか、怜子はブラジャーをつけていなかった。

俺はそれほど大きくない乳房をもみながら、乳首を吸った。

「ああん、気持ちいい。感じるわぁ」

ここは俺が育った家で、一部を宿泊施設にしている。そして今晩は、怜子に貸し出した部屋でもある。

そこでこんな淫らなことをしているのだと考えると、なんだか不思議な気がした。

仰向けになった怜子を押さえつけ、陰裂を吸いたてる。だが、彼女は不満をもったようだ。

「私もしたい。ほら、こうしたら公平に楽しめるでしょ。脇腹を下にして、お互い、頭を反対にして寝そべるの」

まるで性技を講義するような口調だった。

さすが人妻だけあって、怜子は床上手だ。

「いつもこんなこと、やってるの」

「まさか。うふふ、淫乱な女だと思ったんでしょ」

「いや、慣れてるなと思っただけ」

俺はいつも欲望に任せがちなので、こうしてシックスナインをすれば、呼吸が妨げられないことを、今さらながら納得できた。

暗闇のなか、ふたりとも気が済むまで奉仕し合った。

そして最後は、上の口を吸い合いながら合体。

その夜、俺は怜子の膣内へ存分に射精し、怜子も俺の首にしがみついたまま、何度も何度も昇天したのだった。

翌日、電車の時間まではまだ余裕があった。

俺はソファに座って外を見ていた玲子を抱きよせた。唇をこじ開け、舌で口の中をもてあそぶ。

睫毛《まつげ》の下から大きな目が俺を見つめている。瞳は黒々と深く、思わず吸いこまれてしまいそうだ。

「遠征試合が終わってから、こんなことをやってるのを君のご主人が知ったら、どうなることやら」

「うちの旦那は出張が多すぎるの。それに本当はどこへ行っているか、知れたもんじゃないし。お互いさまだわよ」

「そうは言ってもね……」

「でも、私はまだバレーボールを楽しんでるわよ。本物よりかわいいボールをね」

怜子は俺のズボンの上から、睾丸《こうがん》をまさぐりはじめた。

「それでスパイクの練習なんか、しないでくれよ」

ブラックジョークに、怜子は俺の胸に顔を埋《うず》めたまま含み笑いした。

彼女が自ら薄い生地のスウェットを脱ごうとしたが、俺はその手を押さえ、制止した。

ネイビー色のスウェットの裾から肌理《きめ》の細かい肌と、スェットと同じ色のブラジャーが一瞬のぞいた。

「脱がなくていい」

怜子に囁いた。

「どうして?」

「このまま続けたい。スウェットの上からの手触りを感じてみたいんだ」

そう言って俺は、怜子がたくしあげかけたスウェットの上着を、下へおろした。

「変な人ねぇ」

彼女はそう言いながらも、さっきより目がうつろになっている。

「外からまる見えだしね」

俺たちがいるのは、サンルーム。アルミサッシに、全面のガラス張りである。

そこから庭と母屋が、樹木の陰からのぞいている。低い石塀の向こうは道路になっているので、通行人がその気になれば、家の中でなにをやっているのか、知ることができる。

暦のうえでは秋だが、きつい陽射《ひざ》しが容赦なく入ってくる時間帯だ。俺は、カーテンだけ閉めた。

「着たままするとしても、夕べと同じ奥の離れじゃだめ？」

怜子が俺に訊いた。

「こっちのほうがいい。気分転換だよ」

会話をしながらも、俺は怜子のスウェットのパンツの上から強く弱く、クリトリス付近を刺激していた。俺の睾丸をまさぐっている彼女へのお返しである。

スウェットの下の薄いインナーのせいで、割れ目の形状がはっきりとわかった。

薄い布の下には、弾力のある肉の蕾《つぼみ》が硬くとがって喜んでいる。

「ああん、気持ちいい。でも、満員電車に乗ってるような気分」

怜子は俺の指の動きに合わせて、腰をくねらせはじめた。

「……なるほど」

もちろんそれほど広くはないが、サンルームは細長い部屋である。座席に座った怜子に、俺が覆いかぶさったかたちだ。体勢は、たしかに痴漢そのものだ。

だが、それはそれで新鮮な発見だった。

「鏡で見てみようか」

部屋の端っこにある、三面鏡の扉を開いた。

股を開いた怜子がソファに座り、その上に、俺が乗りかかっている。その淫らな光景が鏡に映っているのだ。

「これが私とあなたの姿ね。わあ、いやらしい」

怜子は鏡を凝視し、まんざらでもなさそうだ。

彼女に覆いかぶさり、首だけまわして鏡をのぞきこんでいる俺の顔は、どこか間が抜けている。

そんなことを考えている間にも、俺の指は怜子の秘部を愛撫《あいぶ》しつづけていた。目を閉じ、その感覚を味わうように、さっきよりさらに上気した顔をしている。

溢《あふ》れてきた怜子の愛液はインナーを透過して、スウェットにまでシミを作りはじめた。

「すごいぞ、ほらこんなに濡れて……」

「あなただって、もうこんなに」

怜子もさっきから、俺の半ズボンの上から愚息を刺激しつづけている。

「もっと大きいボールが、好きなんだろ？」

「それは昨日、存分に楽しんだわ。今はこちらのボールのほうが好き」

つぶやくように言いながら、懸命に玉と竿《さお》をかわいがってくれている。

俺ももっと怜子を感じさせてやろうと、スウェットの上から乳首を甘噛《あまが》みした。

「あ、あああん」

「声はできるだけ、出さないようにね」

「わかってるけど……」

向かいの家には人が住んでいる。あまりに大きな声を出されるのはまずい。

「声は出さないように、そして激しく動かないように、ね」

怜子は、自分に言い聞かせるように反芻《はんすう》した。

俺たちが使っているソファは曾祖父の代のもので、激しい動きをすれば、壊れかねない。

「あうっ」

「しぃっ」

ソファの上で向かい合い、互いのズボンと下着をずらす。顔を見合わせたまま抱き合い、腰を突き出して陰部をくっつけ合う。

「こんな体位でやったことある？」

「ないわ」

「うわあ、パックリ開いたオ×コが目の前に見えてて、もうたまらないよ」

俺は腰を進め、そして怜子の腰を、自分の太腿《ふともも》の上に乗せた。

「はあぁ、入っちゃった。んぐっ、ぐっ」

怜子が声を出すまいとして、シャツ越しに俺の肩に歯を立てる。

その体勢で静かに動いたから、昨晩よりチ×ポに加えられる刺激は弱い。おかげで長時間、楽しむことができた。

「よかったわ。なんだか犯されたみたいで……すごく興奮しちゃった」

怜子は俺の演出を気に入ったようである。

お楽しみの時間は、またたく間に過ぎてしまうもの。

時計を見ると、すでに昼前だ。怜子は身支度を整え、特急で帰る準備をはじめた。

「下着、さっき汚れたろう。僕にも責任はあるから洗濯くらいしといてあげるけど」

「いいわよ、帰ってから自分で洗うわ。第一、下着を変なことに使われるのはいやだから」

「そんなことしないよ」

「わからないわ。だって、あなたって、すごくエッチなんだもん」

怜子はいたずらっぽく笑った。


「次の特急に乗るわ」

身支度を整えた怜子は、よそよそしく見えた。

俺はいつまでいてくれてもかまわないのだが、そんなわけにもいかないのだろう。

大きなスポーツバッグを玄関に運んでから、手帳を見ていた怜子がとつぜん素っ頓狂な声をあげた。

「あら、私、勘違いしてた。手帳の日付を間違えて書いてたの」

そう言いながら怜子は、見送ろうと玄関にいた俺の首根っこに飛びついてきた。

「今夜も旦那は帰ってこないわ。こんなことってあるかしら」

怜子の夫は明後日まで出張先から戻らない。だから明日の夕方までに帰れば、問題ないという。

「もうひと晩、泊まってもいいわ」

俺は天にも昇る心地になった。

「でも、昨日は酔っぱらって行けなかったから、これから散策につきあって」

この季節にしては暑いが、俺も望むところだ。

「ハイキングにはもってこいの天気だから、山へ行ってみよう。でも虫がいるから、スプレーを持っていったほうがいいかな」

怜子と家の外へ出て、

「あの山だよ。今から登っても、夕方までには戻ってこれる」

と教えた。

登山口まで車で向かい、あとは徒歩だ。

山道をしばらく登ると、視界が開けた。木立ちの間から、眼下にひろがる田園と住宅街が一望できる。

周囲に誰もいないことを確認してから、俺は怜子の唇を奪った。彼女も負けずに舌を挿しこんでくる。

「かまわないかい」

「いいわよ」

さっきサンルームで交わったばかりなのに、怜子は拒絶しない。俺は携帯してきたビニールシートを木陰に敷いた。野外でセックスするなんて、もちろんはじめてだ。

怜子に四つん這《ば》いになってと頼んだ。

仕方なさそうに怜子はビニールシートに顔を埋めて、フレアースカートの尻を持ちあげた。

俺は虫除けスプレーをしつこいくらい周囲に撒《ま》いてから、怜子のスカートをまくりあげ、パンティーを足首まで引き下ろす。

まる見えになったふくよかな尻が、午後の光に輝いている。

俺は怜子の尻をつかむと一気に貫いた。

と言って、いつハイカーが現れるかわからない。ゆっくりしてはいられないので、懸命に突きまくり、無事に射精。ビニールシートの上に座り、ひと息つく。

このままもう少し休憩していたかったが、誰かが来るとまずい。早々に俺たちは着衣を整え、下山した。結局、野外セックスをするために山に登ったようなものだ。

その日の夜は、なにもせずに手をつないで寝た。というよりも、金曜の夜から三回もセックスをしたので、体力的に無理だと思ったのだ。

「なごり惜しいけど……」

翌朝、俺は最寄りの駅まで怜子を送った。

「試合がなくても、来年も必ず来てほしい」

「うん、そのときはメールするから。すごく楽しかったわ」

そう言って、怜子はうしろを振り返りながら、特急に乗りこんだ。


それから一年以上経ったが、怜子から連絡はなかった。

バレーボールをやめてしまったのか、続けてはいるものの、全国大会に出るにはいたらないのか。それとも、もっといい浮気相手が見つかったのか……。

もしかしたら、殺虫剤まで持参したうえで獣のように山上であんな交わりをしたことを怒ったとも考えられる。

そうであれば一方的に、俺に非があるのだが……。

怜子と四日間を過ごした離れは、今ではブレーカーを落とし、がらんとしている。
そして彼女が誉《ほ》めてくれた庭の植木も、今は蜘蛛《くも》の巣だらけになっている。

仮面のいたぶり

東京都・OL・三十一歳

SNSが急激に拡大したのは、私が大学生のころでした。もちろん、大学にも友人はいましたが、インターネットだけでつながっている人間関係もなかなか刺激的で、暇さえあればパソコンや、当時出はじめたばかりのスマートフォンからアクセスしていたのを思い出します。

これはそんな、学生時代の話です。

思ったことを簡単に、短文でつぶやけるそのサービスは、友人とのコミュニケーションだけでなく、備忘録がわりにも使えて重宝していました。それに自分が書いたことに対して、まったく知らない人から返事があったり、リアクションをもらったりするのがおもしろくて、ささいなことでも頻繁に投稿していました。

ある日、いつものように家のベッドに寝転がりながらつぶやきを眺めていると、豊満な胸を強調した女性の写真のアイコンが、こんな投稿をしているのを目にしました。

——人妻です。夫は毎晩帰りが遅くて、私の相手をしてくれません。誰か、私を満足させてくれませんか。

今だったら、投稿者は女性のふりをした男性じゃないかとか、出会い系サイトへの巧妙な入口じゃないかなどと考えてしまいますが、当時は私もまだ高校を出たばかり。初体験は済ませていましたが、ネット上にこんなにストレートな投稿があるのだと驚きました。ドキドキしながらその投稿の画面を下に動かしてみると、そこには数々の返信が連なっていました。

——ほかの男を求めるなんて淫乱。

——我慢できないの？

——どうしようもない変態だね。

一見、ひどい言葉を投げているように見えて、その返信はすべて投稿者の女性をいやらしい言葉で辱めているのでした。

互いに顔が見えないからこそなのか、読めば読むほど彼らのやりとりは過激になっていきます。それを目で追っているだけの私も、じっとりとアソコを濡らしてしまいました。

当時、恋人はいましたが、セックスの相性はイマイチで、官能小説やアダルトコミックで自分を慰めながら、満たされない思いを紛らしていました。

でも、こんなふうにつぶやけば、知らない人たちが私を気持ちよくしてくれる？

いつも使っているのとは別にもうひとつ、違う名前でアカウントを作ったのは、それからすぐのことでした。

――今夜はなんだかエッチな気分。たくさんいじめてほしい……。

本名の真紀《まき》とはまったく違うユイという名前でつぶやきはじめたばかりのころは、同じような投稿をする人が多く、ほとんど相手にされませんでした。

しかし、フォロワーは少しずつ増え、数カ月後にはつぶやくとすぐに何人かが反応してくれるようになりました。

――またいやらしいことしたくなっちゃったの？

——もうおっぱい、触ってるんだろ。

——どんな格好してるの？　写真、見せてよ。

投げかけられる卑猥《ひわい》な言葉たちとやりとりを重ねていると、いろんな人と同時に淫らなことをしているように思えて、エッチな気分が加速していきます。

——そうなの……たくさん気持ちよくして……。

——おっぱい揉《も》んでるよ。また胸、大きくなったみたい。

——写真、撮ってみたよ。見えるかな？

でも、こうしてひとりひとりとやりとりできるのは最初だけ。次から次へと降ってくる言葉の雨に私はどんどん感じてしまい、返事をする余裕がなくなってしまうのです。

——ローション、持ってたよな。おっぱいに垂らしてごらん。

——ユイちゃんの耳、噛《か》んでるよ。気持ちいい？

——はあはあしてるけど、もしかして感じてる？　ユイはいやらしいな。

文字を目で追いながら、その向こうにいる人たちに話しかけるように、私はスマホの画面に向かって声をあげます。

「ローション、冷たいっ……耳も感じて……ぞくぞくする……っ。ああ……」

指示されたことを実践すると、もっと気持ちよくなれるので、いつの間にかエッチなグッズもたくさん増えてしまいました。

——そろそろオマ×コがせつなくなってきただろ。

——乳首もビンビンだよ。

——腰動いてるのに、まだアソコ触らないの？

「やあん……乳首もオマ×コも触りたいっ……」

——へえ、我慢するんだ。いつまでそのままでいられるかな。

「我慢なんて……できない……」

——ユイのオマ×コ、いやらしい匂いがする。

——もじもじするから、ほら、蜜が垂れてきたよ。

「ああん、触りたいっ……」

——まだがんばってるの？　えらいね。

——シーツに染みができてるぞ。

——こら、乳首擦《こす》りつけたらダメだよ。我慢するんでしょ。

「もうダメ、ねえ……触らせてください、お願いっ」

——そろそろ限界かな？

「我慢できないの。許して……」

画面に向かって懇願すると、思いが通じたのか、こんな返信が流れてきました。

——じゃ、おっぱいだけ触っていいよ。下はまだダメ。

「そんなっ……」

もどかしさを感じながらも、いやらしい言葉を目にした瞬間、私は思いきり自分の乳首をつねって嬌声《きょうせい》をあげました。

「ああっ。ねえ、乳首、見て……焦らされて、こんなビンビンになっちゃったの」

——ユイ、乳首気持ちいい？

「うん、いいの……こうやってコリコリするのも……ああんっ」

——先っぽ噛むよ。

「あっあっ、気持ちいっ……」

快感に身をよじらせていると、また新たな返信が届きました。

——もう欲しくて仕方ないだろ？　ユイのスケベなオマ×コに挿《い》れるよ。

「欲しい、チ×チン欲しい……」

私はうわごとのようにつぶやきながら、ディルドを手にしました。

――自分でオマ×コひろげてごらん。

――ユイちゃん、もうぐしょぐしょだよ。お尻のほうまで濡れてる。

「いや……恥ずかしい……」

――入れるぞ。

「ああんっ……入っちゃった……」

作りもののペニスをアソコに入れて、次の言葉を待つ自分がどれだけ淫らかは自覚しつつ、感じてしまってどうしようもありません。

――ああ、入った……ユイの中、あったかい。

――入れただけなのにすごい締まりかただね。

「気持ちいい……もっと……っ」

私はそうくり返しながら、ディルドを激しく抜き挿しします。ぐちゃぐちゃとエッチな音がするたびに、もっと愛液が溢《あふ》れてくるのがわかります。

――ユイは変態だな、こんなことして喜ぶなんて。

「い、言わないでっ……」

――ああ、もうイキそう。

――僕も、もうダメ。

――ユイちゃん、中出ししていい？

「ああっ、みんな出して……精液、いっぱい出して……ああっ……」


こうして見えない人たちと快楽を共有しているうちに、ひとり気になる人がいました。ほかの人が私を「ユイちゃん」と呼ぶのに対し、その人、スグルさんだけは呼び捨てで、少し乱暴な言葉遣いをするときもあるけれど、常に私の性癖を刺激するような言葉をつぶやいてくるのです。

いつしか私は、画面の向こうにスグルさんがいることを想像して投稿をするようになりました。しかしそんな思いとは裏腹に、徐々に彼からの反応は少なくなり、ある日とつぜん、スグルさんのアカウントは消えてしまったのでした。

ネットの世界ではよくある話なのに、彼がいなくなった喪失感は想像以上に大きく、私がユイになる時間は少しずつ減っていきました。

ユイから遠ざかってしばらく経《た》ったある日、ゼミ終わりの教室でひとり、帰り支度をしていると、

「ユイさん」

と声をかけられました。動揺して思わず振り返ると、後輩の綾部《あやべ》くんが立っていました。

私が所属するゼミは他学年どうしの交流が薄く、互いに名前と顔が一致する程度。もちろん、綾部くんとも特段親しいわけではありませんでした。

「……名前、間違えてるよ」

「間違えてないですよ。真紀さんがユイさんでしょ」

言葉を返せずにいると、綾部くんはボソボソとしゃべりはじめました。

「裏アカウントって探せるんですよ。真紀さんがユイさんだって、わかったときは驚きました」

「……誰かに言ったの？」

「言わないですよ。俺、もう見てないし。真紀さんが……ユイがほかの男の言葉で乱れるのが見てられなくて、やめました」

「……まさか、綾部くんがスグルさん？」

彼はうつむきながら、小さくうなずきました。

「私も……もう投稿してないよ。いちばんいじめてほしい人がいなくなっちゃったから」

目を見開いた綾部くんに、私はつぶやきました。

「ねぇ……画面越しじゃなくて、直接いじめて……」


私は久しぶりにユイに戻りました。

「ユイはこのベッドでいつもムラムラしてたんだ」

「いじわる、言わないで……」

「身体が疼《うず》いたら、誰かいじめて、ってつぶやくんだもんな」

ベッドの上で、スグルさんは私の身体をまさぐってきます。

「ねえ、男にこうされるの、久しぶり？」

私はこくりとうなずきました。結局、恋人とは反りが合わずに別れてしまっていました。

「じゃあ、しばらく誰もユイに触ってないんだ」

スグルさんはそう言うと、私の服を脱がさず、ブラだけずりあげました。

「乳首が服の上に浮き出てるぞ。恥ずかしいね」

「……いやっ」

「いやじゃないでしょ。スグルにいじめられたくて、言われるまま妄想してオナニーしてたんだろ？」

「……はい」

「ほら、言葉責めを読みながら、どうやってしてたか実演してみせて」

私は引き出しからローションを取り出すと、服の上からそれを垂らしました。

「ああっ……」

「乳首がもっとまる見えになっちゃったね」

そう言うと、スグルさんはベッドの上で膝立ちになり、ペニスを私の口にあてがいました。

「ユイ、しゃぶって……」

私はいきり立ったそれに、むしゃぶりつきました。右手を添えて、じゅぶじゅぶと音を立てながら頭を前後させると、スグルさんの腰もつられて動きます。

「ああ……ユイのフェラ、気持ちいい……」

スグルさんはそうつぶやきながら、浮き出た私の乳首を擦ってきます。思わずペニスから口を離してしまいました。

もう我慢できそうにありません。ベッドは愛液でびっしょり。彼のモノも破裂しそうに大きくなっています。

「……お願い、スグルさん……入れて……」

「その前に、ディルドでオナニーしてるところ見せて」

私は言われるがまま、おもちゃをアソコにあてがいました。

「入れるぞ」

いつか画面越しに言われた言葉？

その言葉に合わせて挿しこもうとしたら、彼は私が手にしたディルドをすばやく除《の》けて、ペニスを突き入れてきました。

「あああああっ……」

「ああ……やっぱりユイの中、あったかい……」

「あっあっ、スグルさんのチ×チンが入ってる……っ」

「これが欲しかったの。別の男のチ×チンがよかった？」

「スグルさんのが欲しかった……こうして欲しかったの……」

「嘘《うそ》だ、男たちにオカズにされて喜んでたくせに！」

「違うの、あああっ……」

「ユイは男なら誰でもいいんだろ？　変態……っ」

「いやっ……スグルさんじゃなきゃいやなの。このチ×チンじゃなきゃ、いやなのっ……ああっ」

「じゃあ、もうほかの男の言葉でオマ×コ濡らしたりしないな。ほかの男に犯されるの想像して、オナニーしたりしないな？」

「しませんっ……スグルさんだけ……っ」

「ああ……ユイ、俺もう……」

「私もイッちゃいそう……ああっ」

「ダメだ、出そう……」

「中にいっぱい出して、ぜんぶちょうだい……」

「あっ、イク……っ」

「あああっ……気持ちいい、イクイクッ……ああ……っ」

スグルさんとはそのあともつき合いました。でも、顔が見えない関係からはじまったからでしょうか、普通の恋人として過ごすには互いにもの足りなくなってしまい、しばらくして破局を迎えたのでした。

真夜中の吐息

大阪府・会社員・五十四歳

「美人のお姉さんが管理人をしとるウチの下宿に来ぇへん？」

卒業間近になったサークルの先輩が誘ってきた。

下宿が大学から遠く、より近い部屋を探していたところだったので、私としては渡りに船だった。

八〇年代半ば。地方都市でも学生向けワンルームマンションはまだ珍しく、大半の学生が安アパートや下宿で部屋を借りていた。

自分たちの卒業後に部屋がガラ空きになってしまうのを杞憂《きゆう》し、勧誘してきたのだろう。

宣伝文句の「美人のお姉さん」に惹《ひ》かれ、とりあえず日曜日に部屋を見せてもらうことにした。

迎えてくれたのはスレンダーで美人のお姉さん……と娘さんだった。

……えっ、独身のお姉さんじゃないの？

漫画のような展開を期待していたので、少々ガッカリした。

「先輩ぃ、お姉さんって、お子さんいるじゃないですかぁ」

「なにが悪いん！　娘もめっちゃかわいいんやで。たまに遊んどるんや」

たしかにかわいいけど……まだ小学一年生だ。

お姉さんの名は陽子《ようこ》、三十代でバツイチ。少々気が強いところもあるが、明るく面倒見がよい。独身時代は、さぞかし下宿のマドンナだったことだろう。

大家さん（お姉さんのご両親）も同居。夕食は大家さんもいっしょで、それが楽しかったそうだ。先輩が愛着を持つのもわかる。

建物は木造の二階建てで、部屋は四畳半。トイレと流しは共同になっている典型的な下宿屋だ。

ただ六畳以上は欲しかったので相談すると、母屋側の一階に六畳部屋があるからと、そこを使わせてもらえることになった。

ある夕食時、娘さんの真菜《まな》ちゃんが持っていた玩具からアニメ映画の話になった。

「その映画、シリーズでビデオ持ってるよ」

「ええっ、観《み》たぁい」

「いいよ、ビデオテープ貸してあげる」

「でも、観るの（デッキ）ないねん……」

「海条《かいじょう》君がよかったら、都合ええときに観に行かせてもろたら？」

陽子お姉さんのほうから提案してきた。

「いいですよ。日曜日でも、いつでも」

「やったぁ！」

お姉さんもいっしょかな。ビデオ観ながら、コーヒーでも飲んだりして……。

考えただけでドキドキだ。

「ほな、日曜日にお願いします。観てる間、ママ出かけてきてもええ？」

「ええよ」

えっ、お姉さんは来ないのか……。

それにしても小さい女の子とふたりっきりにしてもらえるなんて信頼されているんだな。妙に緊張してしまう。

日曜日、朝の女の子アニメが終わったころに真菜ちゃんがやってきた。

エアコンなどないので暑くなるからと、窓と部屋のドアを開放して、防虫マットを焚《た》いた。つまり、やましいことはしませんよ、というアピールでもある。

冬にはコタツになるテーブルを背もたれにして、体育座りでテレビ画面に夢中になる真菜ちゃん。私はテーブルを挟んだうしろから観る。

ときおり、シーンについておしゃべりしたりした。

これって普通は恋人とやるよな……。

一本観終わると、

「続きも観たぁい」

とねだられ、続編も観ることになった。

都合四時間は観ただろうか、お昼が過ぎたころ、コンコン。開けっ放しにしていた部屋のドアがノックされた。

帰宅した陽子お姉さんだった。Tシャツにジーンズというラフな姿。スタイルがよくなかったらできない。

「ただいまぁ。お昼、用意するからね。海条君も食べていって」

「ありがとうございます」

三十分くらい経《た》ったころ、

「お昼よ」

と呼ばれ、真菜ちゃんと食事部屋に向かった。

熱々のグラタンとスプーンを配膳する陽子お姉さん。かがんだときにTシャツの首もとからたわわに下がった白い乳房が見えた。惜しくも乳首はブラカップで隠れていたが、意外に大きそうな乳房でドギマギ。

それだけで童貞のチ×ポはビンビンになったので、あぐらでごまかした。

「おもろかった？」

「おもろかったぁ」

食事をしていると、飼い猫のタローが「ニャオォン」と外から帰ってきた。

真菜ちゃんが撫《な》で、続いて陽子お姉さんが抱っこして撫ではじめる。

「ああ、ママ、またタローのタマタマいじっとるぅ」

真菜ちゃんが笑った。

見ると、立派なタマタマを指で転がしている。

「だって、かわいいくて触りやすい大きさやん」

「ほんじゃぁ、今度は海条さんのタマタマ触らせてもろたらええやん」

「もう、この子ったら」

「ま、猫には勝てると思うなぁ」

「お、言うやん。ほな、今度ね」

笑いで済んでよかった。

何日かあと、陽子お姉さんが再婚相手の哲也《てつや》さんを連れてきて、夕食時に紹介された。

おめでたいことだが、下宿からいなくなってしまうのは寂しかった。

そのうちに、遊びに来た哲也さんは大家のおじさんと晩酌をともにし、泊って帰るようになった。

その日も哲也さんは泊っていった。私もご相伴に預かり、アルコールが切れた深夜に目が覚めた。

トイレに行こうと廊下に出ると、ヒソヒソ声が聞こえてきた。熱いような、重いような空気感である。

「……んっ……んっ」

「……あかんて……真菜が起きてまう……」

「えぇて……大丈夫や……」

陽子お姉さんと哲也さんの声らしかった。男の声は低くて聞き取りづらい。

そっと部屋に近づき、壁に耳を当てた。

「んぁっ、もう、わざと声、出させようとしとるやろ」

壁一枚隔てた向こうでセックスしている。

借りたエロビデオしか観たことがない童貞にとっては、声と雰囲気だけでも超刺激的だ。

「……あぁっ」

熱い吐息。今、挿《い》れたのかな……？

「ん、ん、ん、はっ」

ギッ、ギッ。

ときおり聞こえるベッドのきしむ音。

陽子お姉さんが悶《もだ》える姿を想像すると、チ×ポが心臓と化したように、ズキズキと脈打つ。

「うぅっ」

「あうっ」

静かになった。終わったらしい。音をたてないように気配を消して、そおっと場を離れる。

部屋に帰ると、我慢汁でトランクスはビショ濡れになっていた。そのまま手コキで抜く。

それでもいったん熱くなった下半身は鎮まらない。Tシャツの胸もとからのぞけた陽子お姉さんの白い乳房と、悶える姿を思い浮かべてもう一本抜いた。

翌日は日曜日。陽子お姉さんと哲也さんとは顔を合わせにくかったので、ふたりが外出するまで部屋でゆっくりした。

半月後、早川《はやかわ》家では結納が執り行われたが、その晩も哲也さんは泊っていくようだ。

また、あの声が聞けるかもと期待した。

果たして深夜になると、妖しい雰囲気を察した。

「んん」

「はうっ」

陽子お姉さんの押し殺した声が聞こえはじめた。

そっと部屋を抜け出す。もしかしたら部屋をのぞけるかもしれないと、陽子お姉さんの部屋が接する中庭にペタペタと裸足《はだし》で向かった。中庭は洗濯場にもなっていて、コンクリート張りで広い。

この下宿でエアコンがついているのは、大家さんの部屋だけだ。ムーンと室外機が唸《うな》る音と、秋の虫の音が聞こえてくる。

案の定、陽子お姉さんの部屋は窓が開けられていて、網戸になっていた。

遠目で恐るおそる部屋をのぞきこんでみると、哲也さんの上半身が見えた。

哲也さんからは、こちら側は死角のはず。身をかがめて接近する。大学の森で行うシューティングゲームよりも緊張する。

しばらくすると、陽子お姉さんが上になった。乱れたセミロングの髪、白い肌がなまめかしい。

ぶるんと震える乳房。やっぱり大きな乳房だ。乳首が見えた。口から心臓が飛び出るほど鼓動が高まる。

「んあっ」

陽子お姉さんが大きく喘《あえ》いで天を仰いだ次の瞬間、目が合った。

お姉さんの驚いた表情。私も体が固まる。

が、次の瞬間、お姉さんがこちらに目配せしたような気がした。

なにごともなかったように交わりは続く。にゅっと下から伸びた手が、お姉さんの乳房をわしづかみにして揉《も》みあげた。お姉さんが薄目でこちらを見て、悦楽の表情を浮かべた。

哲也さんが起きあがり、ふたたびお姉さんの姿が見えなくなった。

お姉さんの真っ白なお尻を引きよせ、哲也さんがパンパンと腰を打ちつけはじめた。

「ひあぁッ」

お姉さんのイッた声が聞こえた。

音をたてぬよう、そっと部屋に戻った。

お姉さんに叱られるだろうか。不安もあったが、チ×ポは射精を求めていた。

翌朝、陽子お姉さんと顔を合わせたが、お互い挨拶だけで、なにも言わなかった。

結婚式が行われ、陽子お姉さんと真菜ちゃんが新居に移ることになった。式から帰ってきた大家さんとお姉さん。ほかの下宿人たちといっしょにお祝いと別れの挨拶に行った。

これでもうお別れか……。

部屋に帰り、しんみりしていると、コンコンとノックされた。開けると陽子お姉さんが立っていた。花嫁化粧のままふだん着で、それが妙に色っぽい。

「入ってもええ？」

「どうぞ、どうぞ」

お姉さんが完全に部屋の中まで入るのは、はじめてかもしれない。

「短い間だったけど、ありがとう……それとあの晩のこと、黙っててくれたんやね」

「僕こそのぞいてしまって……でも、きれいでした」

「ありがと」

そう言って、お姉さんは軽くチュッと唇にキスをしてくれた。

「お礼よ」

カァッとチ×ポが熱くなった。

「あのう、今度って言ってたタマタマは？」

興奮して、つい口を突いて出てしまった。

「覚えてたんや。スケベやなぁ」

「もう、こんなんなってますよ」

ビンビンにテント張っているズボンの股間を指さした。

「わ、スゴい！」

お姉さんはかがんでまじまじと見る。そして、そっと手が触れた。

「上からじゃなくて……」

急いでベルトをはずし、トランクスまで一気に下げた。

お姉さんの顔の前に、我慢汁の糸を引いたチ×ポがそそり立った。

「なるほど。タローより大きいね」

意地悪そうな顔をして、お姉さんがたぷんたぷんと玉袋をもてあそんだ。

「恥ずかしながら、童貞なんです」

「そうなんや。初々しいわぁ」

サオに手を添えてくる。その刺激だけでビクンと体が動く。

「かわええなぁ」

「もう、なんとかしてくださいよ」

「お口でええ？」

「お願いします」

「誰にでもしてあげてるわけやないからね」

そう言って膝立ちになると、お姉さんの赤い唇は私のチ×ポの先をやさしく含んだ。

ねっとりとした温かさにチ×ポが包まれた。

ああ、なんという快感。

鈴口を舌でレロレロされると、そのたびに膝がガクガクする。

「あっ、スゴいです……」

視線を落とすと、ブラウスの襟元から白い胸の谷間がのぞけた。私の視線に気づいたお姉さんはにっこり微笑《ほほえ》むと、着ていた服を脱ぎ捨てた。

私に驚く間も与えず、お姉さんが激しく顔を前後させた。ビュビュビュッと射精がはじまった。

「あっあっ」

声が漏れて、膝が崩れそうになる。

「んぐぅ」

すべてを出しきるや、お姉さんは口をはずした。

チ×ポはそのまま、私はティッシュボックスを探して差し出した。

ニコリと笑い、口もとだけ拭いた。

「もう飲んじゃった」

「すっごく気持ちよかったです」

「してあげられるんは、ここまでよ」

お姉さんは身支度を整え、部屋を去っていった。

翌日、陽子お姉さんと真菜ちゃんは荷物といっしょに家を出ていった。

「また遊びに来るね」

そのあと、お姉さんは何度か里帰りしていたそうだが、タイミング悪く、顔を合わすことはなかった。

ベソをかくおばちゃん

――――兵庫県・会社役員・六十五歳

女は五十路《いそじ》に入ると焦りはじめる、と和江《かずえ》さんが言う。なにを焦るのだろうか。子供たちは巣立ち、これからは体力と暇を上手に使って楽しく生きていけばよいではないか。だが、それらの有効な使い道がわからないらしい。

「まだ五十歳やないか」

「もう五十歳やんか」

「したいことはないのか？」

「ウチは楽しいことがあるからエエねんけどな」

和江さんの友達は亭主がいて自由がなく、楽しいことがないまま老けこんでいるそうだ。

「亭主はうっとうしいからな」

「亭主のほうでも、そう思ってるぞ」

「ウチはダンナがゴネてくれたからエエけどな」

「ゴネてくれた？」

「うん。旦那はウチのことを好きやったから」

「もの好きな旦那、いやいや、エエ旦那やな」

「うん、生命保険金を残して、私を自由にしてくれたと思う」

「ふうん、君の前から逃げ出したくてゴネたんちゃうか？」

「よう知ってるなぁ、ってなんでやねん！」

「ゴネる」とは大阪弁で〝死ぬ〟という意味だが、ご主人が和江さんにとってよいタイミングで亡くなり、保険金も入ったことから、たんにゴネたと言わずにゴネてくれたと言っている。

「もういっぺん恋をしたいって言う友達は多いで」

　ところが、おばちゃんを相手にしてくれる男がいないと言う。

　そういうことか。友達の多くは男を諦めて女を捨てて獣になりはじめているそうだ。

たしかに大阪のおばちゃんは噛《か》みつかれそうな怖さがある。それだから、男が相手にしてくれないのもうなずける。

「このまま行ったら、獣からバケモノに出世しそうやわ」

それでも恋をしたいと思うのが、乙女心ならぬおばちゃん心らしい。熟女ブームと言われたころもあったが、熟女の恋活は夢のまた夢だと言う。

「そんなことないぞ。男も女も歳《とし》相応の魅力があるぞ」

「そもそも出会いがないもん」

「出会い系サイトがあるやん」

「あんなんアカン。どこの誰かわからへんから怖い」

怖いのは男のほうではないかと思うが、そうとも言えず、彼女の言葉に相槌《あいづち》を打った。

「君は俺と出会えてよかったのか？」

「勿《もち》の論やん。エッチしてくれるから、お礼を言わなあかん」

「いやいや、お礼を言うのは俺のほうや」

和江さんは私の変態セックスを受け入れて、なにかと尽くしてくれている。ありがたいおばちゃんだ。

「最近、若く見えるから、コレがおるんかって、友達から訊《き》かれんねん」

そう言って、和江さんは親指を立てて見せた。

「たしかに出会ったころよりきれいになってるからな」

「えっ、そうなん？」

おばちゃんも褒められるとうれしいようだ。

「あんたに出会うてなかったら、獣になってたかもしれん」

「かもしれんって、もう立派な獣になってるぞ」

「あんたが獣になれって言うたやん」

和江さんはニッと笑い、私に抱きついてきた。

「ほな、今日も獣の雄叫《おたけ》びを聞こうかな」

バスローブを放り投げ、和江さんの大きくやわらかい胸に顔を埋《うず》めてゆく。

性感帯が敏感な和江さんは乳首を摘まんだり引っ張ると喜び、かなり濡れる。つき合いはじめたころよりも明らかに湧き出る淫水の量が多くなり、

「枯れそうになっていた自分に一輪の花が咲いた」

と喜んでいる。

そうなると、おばちゃんでも欲が出るもの。できることなら一輪でなく、満開にしたくなるのもむべなるかなである。

「前より濡れるようになったな」

「あんたのおかげやね」

「俺のおかげやなくて、チ×ポのおかげやろ」

「そやね」

和江さんはうれしそうに私のペニスを握って数回しごいた。

お返しに、和江さんの無毛の丘を撫《な》で、クリトリスを摘まむ。

「これだけ立派なクリを持ってるんやから、そら、スケベな体やで」

「あんたが大きくしたんやんか」

指ではじき、摘まんだり擦《こす》ったりしていると、ビクンと身をよじった。

「なあ、いつもみたいにして」

「いつもみたいに？」

「うん。いつもしてくれてるやん」

「なにをしてたっけな」

「うん、もぉ、イケズ言わんといてぇ」

「ああ、あれか」

私はお尻の穴に指を突きたてた。

「ちゃうわっ。舐《な》めたり咬《か》んだり……」

「あ、そうか、そうか」

要望どおり、クリを舌ではじいたり舐めたり、強く吸いこんでやったりする。

「大きいから舐めやすいわ」

「うぅ、気持ちエエわぁ」

クリを前歯で揺するように咬み、咬んだまま舌でクリトリスの尖端《せんたん》をはじいてやる。

「いやぁっ、アカン、イグ、イグッ」

両手で私の頭を下へ押しやり、股を閉じた。

「なあ、もう入れて、入れてぇ」

和江さんはクリトリスでいちどイッてから、ペニスを入れるのを好む。

「指を入れるのか？」

わざと指を一本入れた。

「そんなんいらん」

「じゃあ、なにを？」

「ん、もう、イケズ言わんと早う」

「なにが欲しいんや？」

「ああ、もう、それやん」

チ×ポを指さして、私の目を見た。

大阪のおばちゃんなのに意外に慎みがあり、隠語が言えない。怖いものなしで羞恥心が欠落している獣おばちゃんにしては、珍しく恥ずかしがる。

「チ×ポが欲しいんか？」

私の問いかけに、こっくりうなずいて、自分の上に私を引っ張りあげた。

わざとすぐには入れずに胸を揉《も》んでいると、私のお尻に手をまわして催促する。無視して、乳首を摘まんでいると怒り出す。

「もう、イケズ！」

あまり焦らすのもかわいそうなので、勃起をあてがって、一気に押しこんでやる。

「ヒッ、これや、これがええねん」

私の背中にまわした手に力が入った。逃がすものかというほどの力でしがみついている。

和江さんの期待に応えるべく腰を使いつづけたが、加齢とともに遅漏傾向にあり、なかなかイケない。それを残念に思う私とは逆に、彼女にはありがたいようだ。

和江さんの脚を抱えあげたり、横にしたり、いろいろな体位で楽しめるのはよいが、なかなかイケないので徐々に苦痛になってきた。

今度は和江さんを上に乗せて大きな胸を揉みながら突きあげていると、悲鳴のような絶叫とともに快感を訴えはじめた。その声がトリガーになり、私にもやっと射精感が近づいてくる。

いつものように事前に洗腸したお尻の穴にローションを塗り、チ×ポをゆっくり挿入。押しこむときは底なし沼が獲物を呑《の》みこむようにアヌスがへこみ、チ×ポを抜こうとすると、名残惜しそうにアヌスがチ×ポを捕まえる。

まるで呼吸をしているようなアヌスを見ると、勃起度が増す。膣よりも狭隘《きょうあい》で強い締めつけがあり、容易に射精できる。

大きなお尻を見ながら、突きはじめた。和江さんはいつものように下から手を伸ばしてタマを握ってくれる。

アナルセックスでも快感を得られるようになった和江さんが、獣のような声を発している。

「うん、うん、ウチもイクッ。ようけ出してぇ」

和江さんの中に射精し終えて、チ×ポが抜け落ちた。

若いころは射精後もしばらくは硬かったチ×ポが、情けないことに今ではすぐに萎える。

和江さんが「洗腸したあとだから汚くない」と言って、自分のお尻に入っていたチ×ポを舐めてくれる。

尿道に残るほんの少しの精液を吸い出して味わうように飲んだあと、和江さんが言った。

「あんたの精液を上と下でもらうのが、ウチの若さの秘訣《ひけつ》やねん」

「少なくてゴメンな」

「ううん、ちょうどええねん」

「若い人ならもっとたくさん出してくれるぞ」

「ウチは若い人はアカン。あんたのがええねん」

うれしいことを言ってくれる。和江さんは飢えた獣にしては貞淑だ。私以外の男は求めていない。

五十すぎとは言え、長身でグラマーな和江さんなら、その気になれば若いセックスパートナーが得られるだろうに。

「若い人は日本語がおかしいいし、だらしがない」

シャツがジャケットの下から見えていたり、ネクタイをきちんと締めないのが許せないらしい。ジジイとしても共感できる。

「今どきは、ゲームもアニメも殺し合いばっかりやん」

「そうやな」

「そやから世の中が殺伐としてんねん」

「そうやな」

「サザエさんやらドラえもんみたいな、ほのぼのとしたアニメやったらええのに」

和江さんの言いたいことにも一理あるが、シャワーを浴びて早く帰りたいのに、おばちゃんはしゃべり出したら止まらない。

「昔は座頭市《ざとういち》でも、水戸黄門《みとこうもん》でも、弱いモンの味方やん」

「そうやな」

「子供のころにお父ちゃんが見てたから、ウチらも知らん間に教育されてんねん」

「そうやな」

「今は悪いやつが弱い人をイジメて金儲《かねもう》けしてるやん」

「そうやな」

「昭和のおばちゃんは生きづらいわ」

「そうやな」

「でもな、あんたに出会えてラッキーやと思ってんねん」

「そうやな」

「なあ、ちゃんと聞いてるかッ？」

「えっ、聞いてるよ。水戸黄門に会えてラッキーやったんやろ」

そんなボケでも言わないことには話が終わらない。

「アホかっ、もう。死ぬまでよろしく頼むで」

「死ぬまで……俺があと何年スケベできるかわからんぞ」

「そのときはしゃあない。若い子を探すわ」

「なんや、それ」

「冗談やんか。ウチ、アホやから難しいことはわからんけど、みながやさしくなったらええのになっちゅう話や」

やっと和江さんの話が終わった。しゃべり終えた和江さんが私に抱きついてキスをした。

体力を使いはたして射精したあとはそっとしておいてほしいのに、会話につき合わされたあげく、二回戦を要求するようなキスは拷問でしかない。

シャワーを浴びに浴室に入ると、和江さんが体を洗ってくれたので、私もお返しに洗ってやる。

ボディーソープを泡立てて大きな胸を揉み、大きなお尻を撫で、クリトリスをこすって反応を楽しむ。

「それって洗うてるん？」

「バレた？」

「ホンマにスケベなんやから、もう」

「スケベは嫌いか？」

「好きやけど、火がついたら消してくれるん？」

「あ、スマン。俺の消火器はさっき使いはたした」

「そやろ。てんごしたらアカン」

「てんご」とは大阪弁で悪戯《いたずら》や悪ふざけの意味だが、今では死語に近い。

和江さんは私をたしなめているのだが、その言葉はなぜか複数の意味を持つやわらかい言葉に聞こえる。

消火器がなかったら悪ふざけは困るけど、アフターケアができるときはうんと悪戯してほしいと言っている。

「ほな、次までお預けにしとこうか」

「次って、いつやの？」

いつも二週間に一回のペースで会っているから、次回は再来週だとわかっているはずなのに訊いてくる。

できれば早く会いたいと顔に書いてある。怖い獣おばちゃんなのに、半ベソをかいているようで憎めない。これが和江さんの魅力かもしれない。

「来週の水曜なら、時間を作れるぞ」

そう言うと、和江さんの目が輝いたように見えた。

「ウチはええけど……」

ふたりしかいないのだから、和江さんがよければそれで決まりなのに、素直に喜ばないのも寛容な目で見ればかわいい。

「じゃあ、水曜日にいつもの時間で」

「うん。二週つづきで奥さんにバレへん？　大丈夫なん？」

そんな心配をするならベソをかくなと言いたいが、和江さんの言葉は社交辞令と同じ。本心は私の家庭を心配しているのではなく、バレないようにうまくやれよと言っているのだ。

ホテルを出て、地下鉄の改札で別れた。気のせいか、和江さんの足の運びが軽やかだった。

夢を見たおばちゃん――兵庫県・会社役員・六十五歳

いつものホテルでいつものように和江《かずえ》さんと交わっていた。

六十代半ばの私だが、幸いなことにペニスはまだ勃起するし、ＥＤ薬は不要なので、私をスケベに産んでくれた両親に感謝している。

とは言え、若いころに比べると劣化はいなめないが、心身ともに健康なのがありがたい。そしてこんなスケベな変態ジジイにセフレの彼女がいるのだから、神か仏かイワシの頭に足を向けて寝られない。

和江さんは五十五歳の大阪のおばちゃんだが、例外的にやさしいし前向きな性格なので、会っていても苦痛がない。そのうえ敏感だし、潮も噴くし、したいことをさせてくれて、してほしいことをしてくれる。願ったりかなったりの彼女だ。

その日は三週間ぶりだったせいか、年がいもなく激しいセックスで貪り合い、たまっていた性欲を発散していた。

和江さんが何度かアクメに達し、そろそろ私がフィニッシュしようかと思っているときに、和江さんが自衛隊の大規模接種センターでコロナワクチンを接種したと言った。キビキビした隊員の対応が見事だったと感心している。

「ウチみたいな大阪のおばちゃんにも親切にしてくれてん」

うれしそうに微笑《ほほえ》んでいる。これまで周囲からは迷惑そうな顔で見られ、それに慣れて独自の進化をとげた大阪のおばちゃんだが、そんな自分に親切にしてくれたことに感謝すると言った。

「帰るときにドアのところにいた隊員さんに頭下げて礼を言うてん」

「そういう気持ちが大事やで」

「その隊員さんが、お疲れ様でした、お気をつけてお帰りください、て言うてくれてん。ふふっ」

「さすが自衛隊やな」

「そうやねん。あんな人たちが日本を守ってくれてると思ったら、税金を納めなアカンと思うたワ」

「エエ経験したな」

「ところがやなあ、外に出たら」

「槍《やり》でも降ってたんか?」

「案内役の府の職員がチンタラチンタラしとんねん」

「チンタラ?」

「梅田《うめだ》ゆきのバス停はどこかって訊《き》いたら、顎を突き出してアッチやて」

「ふうん」

おばちゃんは、話し出したら止まらない。

「言われたほうへ行ったら、バス停がようけあって、梅田ゆきがわからへん」

「で?」

「一番乗場とか二番乗場って言うてくれたらエエのにな」

「公務員やからな」

「自衛隊とはエライ違いや。あんなやつらのために税金払うのはいややで」

「そらまあ、自衛隊と比較したらアカン」

そんなことなどどうでもよくて、早く遊びたい。和江さんの股間に手を伸ばすといつもほど濡れていない。つまらん話をしていたせいだろうか。

「そやけど、あの自衛隊の人……」

まだ続きそうなので話を遮った。

「ほな大阪府に投書したらエエ」

「投書しても変わらんやん。それよりあの人格好よかってん。私の好みやねん」

「そっちかい！」

公務員の怠慢ぶりに憤慨しているのかと思いきや、若い自衛隊員が気に入ったとの話だった。

「ほな、自衛隊クンを口説いたらよかったのに」

「あんなところで？　こんなおばちゃんやのに」

「ダメ元や。たぶん、ダメやろうけど」

「ほな、二回目のときにＬＩＮＥを教えようかな。してもエエん？」

「うん、ＬＩＮＥぐらい教えたらエエがな」

「ちゃうやん。エッチやん」

「スケベする気か⁉」

スケベな熟女と体力がありあまる自衛隊クンの組み合わせなら、言葉はいらないかもしれない。うれしそうに笑ってペニスを咥《くわ》えた。

「ふふ、楽しみやわア」

すっかりその気になったようだ。つき合って一年半になるが、こんな笑顔ははじめて見た。大阪のおばちゃんが少女になっている。

和江さんの頭から自衛隊クンの影を消さねばこちらの存在感が薄れてしまいそうだ。そのためにも和江さんを絶叫させて、アクメの海に放りこんだほうがよさそうだ。

「ほな電マを当てようか」

「え、電マするのォ？」

「好きやろ」

「嫌いやないけどォ」

「ほな、やめよか？」

「ほな、させたるわ」

「どっちやねん！」

大阪のおばちゃんは万事、優位に立ちたがる。してほしいくせに、させてやると言う。素直になれば人生が楽しくなるし、人からも好かれると思うのだが、それを放棄して、自ら茨の道を匍匐《ほふく》前進しているようなものだ。

電マを当てるとすぐに喘《あえ》ぎ出した。

「感じやすくなったな」

「あんたのせいや、こんな体になったんは」

おばちゃんはなにかにつけて人のせいにする。

「ん？　俺のおかげやろ、こんな体になれたんは」

「なんでやねん、ウチはこんな体と違っ……あっ、ああっ」

和江さんが潮を撒《ま》き散らしながら絶叫した。それでも当てつづけると、悲鳴とともにわめき散らした。

「あかん、やめて、入れてっ」

幸か不幸か、加齢とともに遅漏ぎみになったペニスの出番だ。正常位で突き、横にして突き、最後はうしろから突いた。

「イッてエエ？　イク、イグッ」

和江さんの唸《うな》り声がトリガーとなり、私の射精が近づいた。

「イクぞ、んんっ」

ペニスが数回脈動して精液を送りこんだ。和江さんは背中に汗をにじませて、前に突っ伏し、大きく呼吸している。いつもは射精後すぐに萎えるペニスがその日はまだ硬かった。

「うわ、まだ硬いやん」

そう言って、お掃除フェラをしてくれた。

「ありがとう」

人から礼を言われることに慣れていない大阪のおばちゃんにとっては、ありがとうの言葉は効果覿面《てきめん》だ。穏やかな顔で幸せそうに微笑んでいる。

ホテルを出て駅まで歩く間に二回目のワクチン接種が来週なので、くだんの自衛隊クンに逢《あ》えるかなと悪戯《いたずら》っぽく和江さんが言った。

「LINEのアカウントを書いてわたそうかな」

「うん。裏にランチでもどうですかって書いたらエエ」

「そうする」

嫉妬と心配で複雑な心境だったが、健闘を祈ると告げた。

「ホンマにエエの？」

「エエよ」

和江さんは私にダメだと言ってほしいのかもしれない。妬いてほしいのかもしれない。和江さんの顔を見るとやはり妬いてほしそうな顔をしている。

「ただし、ナマはあかんぞ」

「ウチ、ゴム嫌いやもん」

「飲んだらあかんぞ」

「吐き出したらエエんやろッ」

若者とのセックスを否定しない私に対して、和江さんが拗《す》ねたような口調で口答えした。

「いやいや、口で受けたらあかん」

「お掃除もあかんの？」

「当たり前や。調子に乗るな！」

「あれ……妬いてるの？」

和江さんは私の顔をのぞきこんで、ニコッと笑った。諸手《もろて》を挙げて賛成しているのではないことを察したようだ。

「君は俺のモンやからな」

「いやあ、うれしいわあ。その言葉に弱いねん、うち」

私の腕に縋《すが》るように手をまわして、スキップするがごとく歩き出した。

「人生で楽しいことがひとつ増えそうや」

「楽しいことが増えたら若返るし、きれいになるぞ」

「えっ、ホンマ？　ほな、あんたに喜んでもらえるん？」

「そうやな」

「うれしいわア」

和江さんの浮気が私を喜ばせる……そんな、ばかな。もし和江さんがその男と遊ぶようになれば和江さんを自衛隊クンにくれてやろうと思っていたのに。和江さんは若い男と遊びたいだけだろう。私が喜ぶなどというのは詭弁《きべん》ではないのか。

翌週、和江さんにＬＩＮＥした。

「隊員に会えたか？」

「おってん、ラッキー」

ハートマークがいくつもついていた。うれしかったのだろう。

「LINEは来たか？」

「それが……やっぱりあかんわ」

「そうかあ。残念やったな。ま、夢を見ただけでもよかったやん」

私はホッとした。和江さんが私の知らないところで知らない男に股を開くのは想像するだけでもつらい。

嫉妬していた自分がおかしいが、若者に奪われなくてすんだようだ。ただ、こんなおいしい熟女とのチャンスを逃した若者がかわいそうな気がした。

かわいいおばちゃん

兵庫県・会社役員・六十五歳

電マでアクメを渡り歩いた和江《かずえ》さんが、ベッドに転がっている。絶えだえだった呼吸が整い、こちらに寝返りを打って、私のペニスに手を伸ばしながら悪戯《いたずら》っぽく言った。

「コロナやのに、こんなんしててエエのかな」

そう言いながら、和江さんは半身を起こして、ペニスを咥《くわ》えた。

「おいしいわぁ、これ」

カウパー腺液がしょっぱくておいしいと言う。

「舐《な》めてみる？」

カウパー腺液を指につけて、私の口に持ってきた。

「うわっ、いらん、そんなモン」

電マのお礼とばかりにネットリと竿《さお》も玉も舐めてくれた。

「なあ、六十五歳以上やったらコロナワクチンは優先やろ」

「そうやな」

「あんたがワクチンを打ってウチとエッチしたら、ウチはワクチンを打ったことになるんとちゃう？」

「ンなアホな」

「僕チンのワクチンやからワクチンチンチンやん。よう効くんちゃう？」

「専門家のセンセイに訊《き》いてみたら？」

「なんて訊くん？」

「中出しがエエのか、飲むのがエエのか」

「あ、飲ませたいんやろ」

「なんでわかるねん？」

「んなもんわかるわ！」

和江さんはペニスを咥えたまま向きを変えて、私の顔の上にまたがった。

無毛のそこは舐めやすい。電マのあとのクリトリスは敏感になっていると言い、息を吹きかけただけで腰を退《ひ》いてしまう。大きな尻に手をまわして抱えこみ、クリトリスをはじくように舐めた。

「アカン、今はアカン！」

和江さんは向きを変えて私に馬乗りになった。つかんだままのペニスをあてがって腰を落とし、前後左右にゆっくりと腰を振った。

「今日は積極的やな」

「うん。したかってん」

言い終わらないうちに突きあげて腰を振った。

「アカン。やめて。待って！」

「これ、好きやろ」

「好きやけど……今日はじっくり味わいたいねん」

「じっくり……味わう？」

「うん。本に書いてあってん。スローセックスしたら、快感が持続するって」

「だけど、もの足りんやろ」

「ううん。ジワーッと気持ちエエ」

動きは和江さんに任せ、下から大きな胸を揉《も》んだり乳首を摘まんで遊んでいた。

「気持ちエエわ。イッてエエ？」

「ええよ」

いつもの絶叫ではなく、くぐもるような声でアクメを訴えた。それでも腰の動きを止めずにゆっくりと腰をまわしていた。

「またイッてもエエ？」

「ええよ。なんぼでも」

小さなアクメがずっと続いているようだった。しばらく揺すっていた腰を止めて、力が抜けたように私の上に座りこんだ。

「そろそろ俺もイキたいけどな」

「うん、エエよ」

猛然と腰を振り、射精に向けてスパートした。

「イクぞ！」

和江さんがすばやく私から降りて、ペニスをしごいて、口で受けてくれた。

「今日はたくさん出たねえ。おいしかった」

「スローセックスで焦らされたからかな」

ゴロンと転がった和江さんは余韻に浸っているように見えた。

「なあ、今日はご飯食べて行かへん？　ウチが奢《おご》るわ」

シャワーを浴びて着がえているときに、和江さんが言った。

梅田に行き、ビルのエスカレータに乗ったときにアナウンスが聞こえた。

よい子のみなさんはエスカレーターで遊ばないようにとの台詞《せりふ》に、和江さんが異論を唱えた。

「そんなこと言わんでも、よい子は遊べへんやろ」

「まあな」

「エスカレーターで遊ぶのはアホ子やん」

「ほな、なんて言うねん？」

「アホ子のみなさんて言うたらエエねん」

「そんなこと言うたら、アホ子の親が怒ってくるぞ」

「あんたの子はアホなんかって言い返したらエエねん」

ううむ、たしかに一理あるような……。

大阪のおばちゃんはおもしろいことを言うものだと感心した。

そして去年、香川県に旅行したときにとんでもなく長いエスカレーターに乗ったと言った。

「まるでジャックと豆の木やで」

梅田にはたった四段のギャグみたいな短いエスカレーターがあるが、香川のエスカレーターは四、五分乗っていたらしい。

食事を終えて和江さんが支払い、釣銭を受け取ったときに、店員さんにありがとうと礼を言った。

そう、大阪の女性はお釣りをもらうと礼を言う。お釣りは自分のお金を受け取ったのではなく、お金をもらったとの解釈らしい。

「人からお金をもろたら、礼を言うのは当たり前やん」

「もらったんやなくて、自分のお金やん」

「それでもくれたんには違いないやん」

「お釣りが間違ってたら？」

「少なかったらボロクソに言うし、多かったら黙っとくけどな」

そのあたりがいかにも大阪のおばちゃんらしいが、黙ってお金をやりとりするのは愛想がないと言う。曖昧でほのぼのを好む大阪文化のよいところなのだろう。

「飴《あめ》チャン食べる？」

店を出てすぐに、和江さんがバッグから飴を取り出した。

食事のあとで甘い飴など食べたいはずはないが、これこそが大阪のおばちゃんの象徴と言うべき言葉と行為だ。飴にチャンづけするのは飴に敬意を表しているのだろうか。

大阪のおばちゃんがなぜ飴を配りたがるのか知らないが、大阪の多くの男性はこれに辟易《へきえき》としている。しかし、ここで無下に断わろうものならいなおられる。親切と押し売りを併せ持つのが大阪のおばちゃんなのだ。

こんなときはうれしそうにありがとうと言って受け取るのがいちばん。そうすることでおばちゃんからの評価がグンと上がる。あの人はエエ人やと。もしも拒んだら、そう考えたらぞっとする。喜んで受け取った。

駅で別れ、ホームで互いに電車を待った。和江さんが電車に乗り、指をそろえた手を窓越しに小さく振った。まるで皇族が車の中から手を振るようにニコッと笑いながらの上品な仕草にビックリした。とても大阪のおばちゃんには思えない。和江さんはその二面性が魅力だろうか。

そう言えば、ベッドでの和江さんはかわいい助平おばちゃんだし、私に精いっぱいサービスしてくれるから勢いこちらも喜ばせようとがんばってしまう。ふたりはよいコンビなのかもしれない。二週間後のデートを楽しみにしておこう。

その日はいつものようにサービスタイムを利用して午前十時すぎにホテルに入ったが、和江さんが大きなバッグを持ってきた。

「お弁当を作ってきてん」

腕によりをかけて作ったそうだ。

「ついでにタコ焼きを買うてきた」

なんのついでだか知らないが、和江さんのやさしさが見て取れる。

「ほな、タコ焼きパワーでがんばるぞ」

そう言ってスカートをまくると、黒のTバックを穿《は》いていた。

「今日は気合が入ってるな」

「喜んでくれるかなって」

和江さんとタコ焼きを食べたが、私が食べたそれにはタコが入っていない。

「タコ焼きやのにタコが入ってないぞ」

「ホンマ？　まあ、タコ焼きにタコが入ってへんのは当たり前やけどな」

「タコが入ってなかったらタコ焼きとちゃうやん」

「ほななにか、ベビーカステラに赤ん坊が入ってるんか？」

見事な返しに言葉がなかった。

「うまいこと言うなあ。そんなギャグはどこで覚えた？」

「銀《ぎん》ちゃんが言うててん」

「銀ちゃんて、友達か？」

銀ちゃんとは大阪で絶大な人気を誇るドラマの主人公らしい。彼女いわく、銀ちゃんを知らない大阪人はモグリだそうだ。

減らず口をたたいても、ベッドでは甘えてくる。そのギャップも見ようによってはかわいい。

その日も電マとスローセックスで満足した和江さんはしあげに私の精液を口で受けて飲んでくれた。

「ああ、おいしかった」

私の精液が本当においしかったのかどうかわからないが、ニコッと笑った。文字どおり和江さんのリップサービスなのだろう。

シャワーを浴びて帰り支度をすませた和江さんがソファに座っている。

以前なら背中をまるめてスカートの奥が見えそうなほど足を開いていたのに、背すじを伸ばして膝をそろえて座っている。その姿は大阪のおばちゃんには見えない。

「じゃあ、帰ろうか、奥さま」

立ちあがった和江さんは、かわいい笑顔でこっくりとうなずいた。

怖いものなし——東京都・公益法人職員・五十八歳

新型コロナウイルス騒ぎがはじまる五年前、まだイベントの集客も普通にできていたころの話だ。

九州の片田舎の高校を卒業して三十年。わが母校は進学率、クラブ活動の実績こそパッとはしないが、創立百年を越えていて、いちおう歴史と伝統を持った学校である。そんな母校では、毎年夏に関東地区在住の卒業生を一堂に集めた同窓会が行われている。

正直、母校をそんなに誇りに思ったことはないが、軽い気持ちで参加していて、その年も六月に開催するむねの案内が来たので出席することにした。会場は渋谷《しぶや》のホテルの宴会場である。

当日、受付の名簿に目を通し、自分の名前である「八二年期　山田《やまだ》〇〇」の欄を指さして会費を払い、宴会場に入る。名簿を見ると七十名ほどの出席者となっているが、私が卒業した八〇年代の卒業生が少ないことに、毎回のことだが落胆。

私が高校生活を送ったころは、進路実績は芳しくなく、地元の三流大学に進学し、卒業後も県内に就職する者ばかり。東京の上場会社や国家公務員として就職する者はほとんどいなかった。

私はというと、たいした将来設計もなく、まあなんとかなるさという気持ちでのんべんだらりと高校生活を送った。当然ながら成績も人に自慢できるものではなく、一年浪人してなんとか福岡の中堅クラスの大学に進学した。

大学時代も相変わらずで、バイトに明け暮れ、試験の前に友達からノートのコピーをかき集め、なんとか単位取得をした。就職も、ゼミの教授の推薦を取りつけて、東京の企業にお情けで就職できた。

そうした学生生活を送って、東京での高校の同窓会に顔を出した。生来の口下手、引っこみ思案の私である。酒をしこたま飲んで会費のモトを取ろうという気持ちでの参加だ。

ふたたび名簿を見ると「八三年期・中野宏子《なかのひろこ》」という名前を見つけた。私より一学年下だ。

八〇年代卒業生の立食のテーブルに女性がひとり、ウエルカムドリンクを飲んでいる。

胸もとのネームプレートを見ると、思ったとおり「八三年期・中野宏子」とある。背はスラッと高く、髪はショート。切れ長の目が上目遣いに、私に視線を投げかけている。形のよい鼻の下には薄い唇がキュッと結ばれている。

ときおり見せる笑顔に少しほうれい線が出るのが五十代半ばという年齢を感じさせるものの、右の頬に笑窪《えくぼ》ができるのがなんとも愛くるしい。

半袖の白いブラウス、紺のスカートという、なんとも渋めの装いだ。

そういえば、高校時代の制服もこんな感じだったなと高校時代の記憶がふと蘇《よみがえ》るとともに、二年間は高校生活を共有していたのに、彼女とめぐり合わなかったのが惜しい気がした。

話が合わないであろう年上の人ばかりの中にあって、なんだか砂漠でオアシスを見つけたようで、ホッとした。

見れば、彼女のネームプレートには花がついている。どうやら事務局をしているようだ。それを物語るように出席者たちに「ようこそ」と声をかけてまわっている。私のところにも来たので、軽くグラスを合わせた。

「世話役をされているのですか？」

「そうなんです」

「お疲れ様です」

とねぎらって、自己紹介。

「いやぁ、一学年下の方がいたとは驚きです」

からはじまり、高校時代に厳しい体育の先生に運動場を走らされたこと、文化祭で部活の人気者がものまねをやって受けたことなど、少しばかり会話をした。

高校時代、私は目立たない存在で、休み時間に先生たちのものまねをする同級生がいると、片隅で見ながらクスクス笑うような生徒であったこと、一浪して大学に進学し、東京の会社に就職したことなど、ひととおり身の上話をすると、

「偉いですね。こうして、あの片田舎から東京都民になっているなんて……アタシなんか、勢いで上京したようなものですよ」

と、彼女も上京した経緯《いきさつ》を話しはじめた。

それによると、彼女は高校卒業時、ただたんに都会暮らしに憧れて上京したというだけで、都内のデザイン関係の専門学校に進んだものの、二週間で学校に通わなくなり、あとはいわゆるフリーターとなってブラブラとした生活を送りはじめたそうだ。

「ほら高校時代って若かったから、怖いもの知らずじゃなかったですか。私もそういうノリで上京してきたんですよ」

「仕事とか、食べていくためにどうしたんですか。なにかとお金がかかったのではないですか？」

「それはもう、いろいろありましたよ。親戚とか頼れる人もいませんでしたから。手っ取り早かったのが選挙事務所でした。ハガキの宛名書きをしたり、選挙カーでウグイス嬢をやったりとか……人に自慢できることはあまりないですが、たとえ困窮したときでも、いわゆるフーゾクとか、そういう仕事に従事したことありませんよ」

「偉いじゃないですか」

「まぁ、怖いもの知らずではあっても、守るところは守ってたんですよ」

たしかに昨今言われている、貧困女子だ、汚ギャルだと、そういう言葉は八〇年代後半にはなかった。むしろ、バブル景気に乗ってのイケイケの時代であった。

彼女も職場を転々とはしたものの、よき男性との出会いもあり、結婚にこぎつけたそうだ。

私も社会人生活を送る中で異動や配置転換は経験したが、そのたびに、なんとかなるさの一心で過ごしてきたような気がする。

そんな話を彼女にすると、

「でも、なんとかなるさって結局、怖いもの知らずに通じるのではないですか。私も高校時代とかは、やりたい放題しましたけど、最後は親がなんとかしてくれるって考えて行動してました。山田さんが言う、なんとかなるさ的な考えかたで過ごしていたと思いますよ」

「そうですね。適当に生きるって結局は、なんとかなるさ、みたいな感じですかね」

私の視線がビールグラスを持った彼女の左の薬指にいった。すると彼女は、

「あぁ、あのう、私、今、ひとりなんです。主人には病気で先立たれて、以来、リングははずしました」

と答えた。なんだか彼女の目がウルウルしてきた。

「すみません、変なことを思い出させてしまって」

私はあわてて謝り、

「あなたのような素敵な女性が薬指にリングがないのが、ちょっと気になったというか……」

と、ありったけのフォローをした。もっとも半分以上は本音である。

「別にいいんですよ。今でも怖いもの知らずです。ダンナはいなくなりましたが、残してくれたもので生活しています。娘がいるんですが、独立し、結婚して子供がいるんです。たまに子供を連れて遊びに来てくれますから」

話が変な方向に行きそうになったのを彼女の話で軌道修正し、ふたりでしばらく話しこんだ。やがて同窓会はお決まりのビンゴゲームとなり、盛りあがったところで万歳三唱となって、中締めとなった。

事務局が二次会の案内をしている。会場のビルの地下の店を予約しているようだ。行ける人は参加してほしいと勧誘しているが、彼女を見ると、ふたりでどこかへ行きましょうと目配せをした。その目は、怖いもの知らずですから、と語りかけているようだ。もちろん、私は小さくうなずいた。

そしてお開きとなり、事務局からの「二次会行きませんか」の誘いに、私は「これから行くところがあるものですから」と断り、中野さんも「予定がありますのでこれで失礼します」とお互い事務局に断りを入れてエレベーターへ向かった。

運よくタクシー乗場は空車の列。彼女の手を引くようにして乗りこむと、ホテル街をめざしてもらう。

ホテル街に着くと、彼女が先に降り、タクシー代を払って私が出る。手をつなぎ、ホテルの入口で盤面の部屋番号を押し、エレベーターに乗る。

着いたフロアから部屋へ向かい、ドアを開けると少し暗めの照明の部屋が目の前にひろがった。

両手で彼女を抱きしめる。彼女も手を私の背中にまわしてきた。

おもむろに唇を重ねる。口の中では舌をからませ合い、鼻先からは先ほどタクシーの中で感じたアルコール臭がからみ合っている。

荒い息遣いからやがて寝息のように互いの鼻息がやさしくなり、ひとしきり舌をからめたところで唇を離す。

お姫様抱っこしてベッドへ歩を進め、ベッドに下ろすと、私も彼女の隣に横たわった。

彼女は私に背を向け、紺のスカートのホックをはずし、スルスルと脱ぎ、ブラウスのボタンをはずしはじめた。

私も大急ぎでズボンとシャツを脱ぐ。彼女がパンティーとパンスト、ブラジャーだけになって私のほうを向きなおしたときに、私はようやくパンツ一枚になっていた。

彼女が私の股間に視線を落とした。

まだモッコリしていないことがわかると、クスッと笑った。

私はベッドの上に宏子の身を横たえた。目を閉じている彼女。もう一度先ほどのような狂おしいキスをしたい衝動が蘇った。

彼女の左に横たわると、右私は手で彼女の髪を撫《な》で、唇を重ねてゆく。先ほどよりアルコール臭も抜けている感じだ。

右手でブラジャーの上から彼女の左の胸を上下に揉《も》み出す。

「うう」

と、声をあげる彼女。

腹のあたりを触ると温かさが手のひらに伝わってくる。

左のあばら骨のあたりから脇の下、そして背中へと手をまわし、ブラのホックをはずす。ポロッと両胸が露《あらわ》になると、手のひらには温もりが、鼓膜には「ああん」と宏子の声が伝わってくる。

美しいお椀《わん》形でFカップはあろうかという巨乳。その上に親指と人さし指で輪を作ったぐらいの乳輪、そして真ん中にグリーンピースを小豆色にしたような乳頭が現れた。

「ん……?」

右手でふたたび左の乳房を揉むと、不思議な感触が……。

五十代だというのになんだか芯があるような乳房だ。まるで鉱脈を当てた山師のように、ワクワク感が高まってくる。

自然と乳首に唇を持っていき、乳房の下から上へ舌を這《は》わせ、続いて乳輪に歯を立てないように唇で噛《か》む。

「うふん」

男を誘うような卑猥《ひわい》で甘えた声……。

掘り当てた鉱脈に舌を這わせる。五十路《いそじ》に入っているというのに芯のある乳房は新鮮だ。

なんだか、はじめて女を知ったときの記憶が蘇ってくる。

貪るように唇と手で揉みほぐす。やがて手は下へ下へと進み、最後の一枚にたどり着いた。

腰にまわした手を下へ這わせ、パンティーに手をかけ、ズリズリと下ろしてゆく。

彼女は無抵抗というか、自分から私の下ろす手つきに合わせて、腿《もも》をそろえたり、膝を曲げたり伸ばしたりしてくる。

パンティーを足首まで下ろすと彼女は自ら右、左の順でパンティーから足を抜いた。

両膝を抱えると、宏子の秘部が目に飛びこんでくる。年齢を感じさせないどころか、高校時代にタイムスリップしたようだ。

そこにあるのはひとつ年下の女の秘部だ。新鮮さを感じながら秘部に顔を近づけると、さすがに、

「いやん。そんなに見ないでえ」

と恥じらう宏子。

「目をつぶっているから」

と安心させ、目を閉じたふりをして茂みやその下の淫裂に薄い視線を投げる。

そして茂みへ鼻を近づけ、息をかける。

「ああん」

とのけぞってきた。どうやら陰裂の上のすぼまりにある、ちょっとした小高いシワシワの丘が宏子の敏感スポットのようだ。

わざと小高い丘へは舌を這わせず、鼻のアタマでズリズリとし、舌は淫裂に潜りこませる。

すると焦れたのか、

「ねぇ、ここ」

と、小高い丘を指さした。私がそこを刺激するのを待っていたのだ。

「わかった」

歯を使わないように、そっと小高い丘を口に含む。

「あっはぁん」

ビクンと太ももと腰骨のあたりが反応し、よがり声がもれる。

小高い丘を含め、Λ（ラムダ）の字になった淫裂に舌を這わせ、舌の表で上へ、裏で下へと、ゆっくり、ゆっくりといたぶる。

いよいよ挿入と、彼女の両の膝を抱える。私も高齢だが、すっかり愚息は高校時代に逆戻りし、充血している。

左手でイチモツを支え、体は彼女に預けつつ、体重がかからないように少し体を浮かせて、正常位の体勢で宏子の中にインサートした。

「ああん、とってもいいわ」

待ちかねていたように、宏子が嬌声《きようせい》をあげた。

奥まで届いたところで、ゆっくりと腰を動かしはじめる。

クッチャ、クッチャ……。

動きに合わせて淫らな濁音が結合部から聞こえはじめた。

「はあん、はあん」

鼻を鳴らしながら、両腕を私の背中にまわしてくる。

両膝を抱えて両手をつき、半ば腕立て伏せの格好で、ひたすら腰を使う。

寄る年波でたいへんだが、これも女性のためならと必死にがんばる。

彼女は「はあん、はあん」と「とっても、とってもイイです」を間を置いてくり返す。

そしてひとしきりくり返したところで、彼女がぽつりとひと言。

「中で……いいですよ」

男にとってはうれしいひと言。思わず抜き差しに力がこもる。

そして、再度彼女の声が聞こえた。

「だって、もう……あたし、怖いものなしですから」

さっきまでは「怖いもの知らず」という表現をしていたのに、今回は「怖いものなし」だという。

なるほど、意味がわかった。閉経したので、もう中に出しても安心だと彼女は言いたいのだ。

腰の動きが早くなり、だんだん頭の中が真っ白くなってきた。イチモツを根元まで押しこんだところで腰の動きを止めた。

ドドッ、ドドッと第一波に続き、第二波の白濁が彼女の中に飛び散ってゆくのを感じた。

「あっ……あっ……イッちゃうぅ」

彼女も達したようだ。

「う、うっ」

という獣の唸《うな》り声のような低い声を発し、背中にまわしていた両腕をパタンとベッドに投げ出した。

イチモツはつながったままだ。彼女の体の上で私が肩で息をしていると、

「すごくよかった……とっても、とっても」

先ほどの獣の唸り声のような声とは打って変わった弱々しい声に続いて、

「ねぇ、少し中にいてください。動かないでいいですから」

と哀願する彼女。

「いいよ、でも、僕の体が重くないかい」

そう言いながら、右手で髪を撫でた。すると、返事のかわりにまた彼女が両手で抱きしめてきた。

負けずに私も両手に力を入れて、グッと引きよせるように抱きしめた。

宏子の体の上で、肩で息をしていると、役目を終え半萎えの愚息がヌルッと彼女の中からはじき出された。

「ああん」

なんだか寂しそうに上目遣いの彼女。もう一度髪をそっと撫でて、ギュッと抱きし

めた。

抱きしめながら体位を変えて、今度は私が下になった。

彼女が右手を伸ばして、半萎えの愚息を握った。そのまま、やわらかい亀頭を自分のヌルヌルになった割れ目の中でこすると、あら不思議。近年一度放出してしまうとあとが続かなかったわが愚息にふたたび力がみなぎりはじめたではないか。

「入れてもいいですか」

恥ずかしそうに宏子がたずねた。

「もちろん」

とは言っても、正直抜き差しをする気力はもう残っていない。

無理する必要もないので、バクバク打っている彼女の心臓の鼓動を感じながら、いつまでもいつまでも下から抱きしめていた。

宏子の息遣いが整ってきたところで、

「また逢《あ》いましょう」

と、私が言うと、

「ええ、機会があれば」

と言う彼女。

私は抱きしめた手を首にまわし、ふたたび唇を重ね、舌をからませ合った。

別れぎわ、

「でも、こういうことは、一年に一回、同窓会のときだけにしましょう」

と、互いに約束し、ふだんはメールのやりとりだけにとどめることにした。

東京同窓会は、その年以降も夏に開催された。同窓会後、私は彼女とホテルへ寄り道し、次の、その次の夏の再会を楽しんだ。

だが、令和二年、三年はコロナ禍で中止となり、先行きも不透明である。

——早くコロナが収束し、また、安心して同窓会で会えるといいね。

——そうですね。これだけは怖いもの知らずってわけにはいかないですからね。

と、メールでやりとりはしているのだが、果たして再会はいつになるのやら……。

飛び散る汗と滴る愛液

――東京都・公務員・五十三歳

今も鮮明に残るひとめ惚《ぼ》れの記憶がある。

大学の授業がはじまる前の教室で、私が隣の女子と話していると、見知らぬ男子の声でとつぜん呼びかけられた。

「君、たしか○○高校の剣道部にいた鈴木《すずき》くんだよね。知らないかな、幸田《こうだ》だけど」

振り返ると、見たことのない顔がある。

「ええっと、どこかで対戦したことがあったかな？」

「いや、直接はないけど、県大会の団体戦で戦って、僕は先鋒で鈴木くんは副将だったから。部活動はもう決めたかい？」

「いいや、決めてないけど」

「剣道部に来ないの?」

「ううむ。もう剣道はやらないと思う」

「そうなの。僕は剣道部に入ったんだけど、剣道経験者のリストがあって、そこに君の名前が出てるんだよ。個人戦でベスト8になったじゃない。それで勧誘してくるよう先輩から言われてるんだ」

うざいなと思いつつも、自尊心はくすぐられた。

「もう剣道に興味がないんだよね」

「もったいない。ぜひうちの剣道部に来てもらいたいんだよ。僕の顔を立てると思って、体験だけでもどうかな?」

気乗りしなかったが、幸田が引き下がらないので、見学だけならと後日参加することになった。

剣道場に行くと、数人のにわか剣士が稽古で汗を流していた。どのタイミングで道場を出るか見はからっていた私の視線の先で、稽古をつけていた上級生らしき女子部員が面を取った。

クリクリとした大きな双眸《そうぼう》に太い眉の美少女……。

襟元から見える白い肌がほの赤く色づき、首すじに玉の汗が浮きあがっている。紺の手拭をはずして頭を軽く振ると、ショートの前髪がサラッと舞い、清潔な汗が匂うように散った。

その彼女が号令をかけはじめた。どうやら部長のようだ。スケベな私はその場で届けを出し、剣道部に入った。

「諦めてたんだけど、いっしょに剣道ができてうれしいよ」

「よろしくな」

あとから幸田にそう言われたものの、気が変わった理由を聞かれず、ほっとした。まさか本当のことは言えない。部長の美樹《みき》先輩にひとめ惚れしたからとは……。

剣道部の成績が奮わないと聞いたが、合点がいった。団体戦では二回戦を突破したことが男女ともになく、個人戦でも美樹先輩のベスト32が最高だそうだ。

美樹先輩は、大学から剣道をはじめた二段の三年生で、高校時代は陸上部にいたようだ。どんな経緯《いきさつ》で剣道を選んだのかはわからないが、メキメキ上達して、この弱小部のなか、最も強い剣士になったらしい。

彼女にはじめて話しかけられたのは、素振りの練習をしているときだった。

「鈴木くん、もの足りないでしょ」

背後からとつぜん話しかけられびっくりしたが、特徴のある高いトーンの声に、美樹先輩とすぐ気づいた。

「えっ、そんなことないです。大切だと思います」

「そうね。ブレない型を身体に教えこむには素振りがいちばんだから。さすが大会上位者の言葉は違うなぁ」

満面の笑みの彼女から柔軟剤の仄《ほの》かな匂いが漂ってきた。

美樹先輩から声をかけてもらうたび、気分はアゲアゲになっていたが、冷静にまわりが見えてくるようになると、ほかの下級生にも満遍なく声をかけているのに気づいた。

ほかの部員と楽しそうに話す姿が視界に入ると、つい嫉妬の炎が燃えさかる。

そんな明けても暮れても美樹先輩命の私が、彼女の奇異な行動に気づくのは早かった。合同練習が終わり、体育着に着がえた美樹先輩は、校内の廊下でひとりサーキットトレーニングに励んでいたのだ。

ほかの部員が三々五々帰宅するなか、剣の道に真摯《しんし》に向き合う姿を目《ま》の当たりにした私は、自分はなんて不純な動機で入部したのかと罪悪感にかられた。

と同時に、ほかの部員が自主練習に参加しないのが不思議だし、誰かを誘う気配がないのも気になる。

私は我慢できなくなって、廊下を走る美樹先輩に参加したいと願い出た。

「いいよ。なんか鈴木くんは、そう言ってくるんじゃないかと思ってたんだ」

彼女がうれしい言葉を返してきた。

しかし、サーキットトレーニングは思っていたより過酷を極めた。

剣道に筋肉量や持久力がいるのだろうかと思いながら、ゼェゼェと荒い息を吐く私の気持ちを美樹先輩は見透かしていた。

「たった三分の試合だし、力勝負じゃないのに、なんでこんな苦しいことするのって思ってるでしょ。剣道では相手の動きに合わせて体勢をすばやく切りかえないとだめでしょ。技をくり出す俊敏さが必要。あと一瞬で決まる勝負には集中が大切でしょ。ハアハア言ってたら、その隙をねらわれちゃう。だから疲れで緊張がとぎれないような体力を身につけておきたいの。これ、わかる?」

尻あがりに熱を帯びる彼女の瞳に私は吸いこまれそうになった。

「聞いてる？　鈴木くん」

そう問われ、我に返った私は、

「えっ、聞いてますよ」

と応じたものの、話の内容はどうでもよく、彼女の心地よい肉声に心を奪われていた。

ともすると甲高い響きをさせる美樹先輩の声が耳に入るたび、下半身の先端からビクッと小さな電気が放たれてゆく。

そんな邪《よこしま》な動きを悟られぬようにと気遣う私を、彼女がじっと見つめてくるのに堪《こら》えきれず、

「みんなは部長の自主練習に参加しないんですか。それに部長から、みんなを誘わないんですか？」

と、肉棒を遡上《そじょう》する潮を散らそうとたずねた。

「さっき私が言ったようなことに自分で気づいてほしいかな。私のことをよく見ていれば、なんであんなに懸命なんだって疑問が湧くと思う。それで私に聞いたり、自分でそれを考えたりしてほしいんだ。だから、みんなに声をかけないの」

「なるほど」

「そしたら、ほら、ここに鈴木くんがいるじゃない。私、すごくうれしくて、はしゃいじゃってるかな？」

目をキラキラさせたそのまっすぐな物言いに、剣道以外の彼女を知りたいという思いが、私の心をかけめぐった。

夏の大会に向けて、五月半ばから一年生の何人かは上級生と稽古するようになった。もちろん、私もそのうちのひとりだ。

自主練習が終わって道場に帰る途中、

「鈴木くん、夏の大会、先鋒に選ばれてるから」

と、美樹先輩から唐突に言われた。

「実力では大将でもいいんだけど。うちの男子は性格が弱くて、先鋒が負けていつも自滅してる。だから、先鋒にどうしても勝ってもらわないと。あなたが勝てば、対戦相手もプレッシャーだろうし。どう？」

どうと言われても、部長がそうしたいならそうすればいい。私の剣道の実力だけを買っていることに、今さらながら自分との温度差を感じて悲しくなった。

そして先鋒は私であることが発表され、大会まで一カ月を切ることになった。

いつものようにトレーニングが終了。美樹先輩は息をあげながら、こう漏らした。

「鈴木くん、体力ついたでしょ。あなたが来てくれて正解。切磋琢磨《せっさたくま》ってやつかな。私も前よりグンと体力がついたよ。ありがとね」

美樹先輩の役に立てていることが、とんでもなくうれしい。

「そうそう。あとさ、お願いがあるんだ。特別稽古を私とやってくれないかな。私にとっては最後の大会になるから、絶対に上位をねらいたいの」

「ぜひ、やらせてください」

私は即答した。

「よかった。女子となんてっていやがるかと思ってたんだけど、ほんとにいいの？」

「いいに決まってます。必ず部長の花道を飾るお手伝いをします」

六月の梅雨入りから猛特訓がはじまった。部員らが帰宅した夜七時すぎからの道場はふたりっきりだ。

「じゃ、はじめるよ。そりゃぁ」

中段の構えから飛び出す彼女のかけ声に、圧倒されるどころか、高いトーンの声色に、下半身がピクピク反応してしまう。面の中の頬がぷくっとふくらんでかわいい。裸足《はだし》の爪先にピンクのマニキュアが塗られている。くたっと曲がった小指がいとおしい。

バシン。

「籠手!」

カラカラカラ……。

しまった、竹刀を落とした。

「なにしてんの。気持ちが入ってないわよっ」

そんな稽古を続けて一週間が過ぎたころだった。着がえを済ませたところで美樹先輩がたずねてきた。

「鈴木くん、お腹《なか》空かない? いつも家に帰って夕食?」

「そうですね」

「今日ご馳走《ちそう》するから、夕飯つき合って」

「え、いいんですか」

こうして美樹先輩同伴の夕食が日課になった。

ある日、毎回奢《おご》られてばかりでは申し訳ないと思い、私は財布を取り出した。

「だめ、だめ。私がつき合わせちゃってるんだから。って言っても、あと少ししか先輩風は吹かせられないけどね」

ショックだった。ものごとには必ず終わりがある。私は美樹先輩が好きで好きでたまらなくなっていた。

それを認めてからというもの、彼女に触れたい、彼女の裸が見たいという欲望もふくれあがっていった。

後輩剣士ではなく、男として見てもらいたい気持ちがどんどん強くなってきた。自分の想いを伝えて彼女の胸のうちも確かめたい。悶々《もんもん》とした気持ちのせめぎ合いの中で、最後の稽古を迎えることとなった。

「今日でラストだね。いままでありがとう。これで悔いなく大会に臨める。じゃ、ラストの稽古と行こうか」

彼女の目が、心なしか潤んでいる気がした。

そして、最後の稽古が終わった。美樹先輩が防具をはずして倉庫へと入っていく。

私もあとに続いた。彼女の姿を倉庫内の薄灯りが照らしていた。その背に声をかける。

「美樹先輩」

「なあに？」

「ありがとうございました。美樹先輩に誘ってもらって自信がつきました」

「よかった。そう言ってもらえて、私もうれしい」

もう我慢できなくなっていた。

「美樹先輩」

「ん？」

「せ、先輩のこと……好きになってもいいですか？」

「えっ……」

彼女が目を見開いた。

「……それって、本気で言ってるの？」

「もちろんです。好きで好きでたまらないんです」

堰《せき》を切ったように想いをぶちまけると、急に恥ずかしくなった。

「そうなんだ……」

じっとこちらを見つめる彼女にいたたまれなくなり、私が目を離した瞬間、

「私も……好きだよ……」

と応じてくれた彼女を、思わず二度見した。

「えっ、えっ、美樹先輩も僕とおんなじ気持ちってことですか？」

彼女がコクリとうなずく。暗雲立ちこめる土砂降りの私の心に、さっと晴れ間が差した。

私の心を強く照らす太陽の熱に浮かされたように、距離を一気に縮め、彼女をグッと抱きしめた。

「あっ……」

彼女がやわらかな身体を仰向けにしならせる。香しい汗の匂い。たまらず唇をその首すじに押しあてた。

「あ、だめっ。やめて……」

彼女のジャージの裾から手を入れた。

「だめだよ。だめっ。んっ」

鯖折《さばお》りにすると、美樹先輩はへたへたと床に身体を沈みこませた。私は汗で湿った

スポーツブラの中に手を入れ、ナマの乳房を手のひらで包んだ。

「あぁっ、だめぇ」

「せ、先輩とこうしたかった。ごめんなさい。もう止まんないです」

「ま、待って。私……はじめてだから……」

理性を失った私は遮二無二にジャージを脱いだ。トランクスの前開きからは、いきり勃《た》った赤幹が剝《む》き出てしまっている。それを一瞥《いちべつ》した美樹先輩が、青ざめた顔で目を逸《そ》らした。

「パンツ脱ぐから、美樹先輩も脱いでほしいです」

「えっ、えっ」

ヒクヒクと頭を震わせる肉茎をチラ見する彼女が、なにか言いたそうに唇をとがらせた。

「い、いいですか？」

私が強めに促すと、彼女は目を泳がせたままコクッと小さくうなずいた。

私は手を伸ばし、汗で透けた水色のスポーツブラをまくりあげた。小ぶりだが、やわらかそうな乳房が現れると、やや上向いた淡いピンクの乳頭がはじき出た。

唾を飲みこむゴクリと鳴る自らの喉音が、頬骨を通して耳の奥に伝わってくる。

美樹先輩が両腕を絞るように寄せるものだから、玉の汗を浮かべた乳房が盛りあがる。その光景に吸いよせられるように、私の人さし指が乳先の汗をすくった。

「んんっ。それヤダっ……」

腰のうしろに手をやって引きよせ、ちゅるっと乳頭を頬ばった。顎を上下させて、幾度も舌で嬲《なぶ》った。

「あっ……ああっ……んんっ」

断続的な嬌声《きょうせい》に、私の肉茎も激しく上下に振れる。

「僕のもさ、触ってほしい……です」

そう言うと、眉間の縦じわを深くした美樹先輩はおずおずと手を伸ばして、人さし指と親指でカリ裏を摘まむ。

「先輩、もっと上下に……」

催促しながらふたたび乳頭にしゃぶりつく。半身になった美樹先輩は漏れ出る声を抑えようと左手の甲を口に押しあてながら、もう片方の手で肉幹をつかんだ。

鈴口にあふれた粘液……。

モヤモヤした感触が腰の奥から湧きあがってきた。

「ちょっと、待ってくださいっ」

決壊寸前で哀願すると、彼女の手の動きが止まった。

「せ、先輩も……ぬ、脱いでほしいです」

「え、えっ……」

「お願いです。美樹先輩、お願い……」

「ど、どうして。気持ちよくなってるのなら、それで……いいんじゃ？」

「脱ぐのが恥ずかしいなら、手伝いますから」

腕を伸ばし、彼女の下のジャージをつかんだ。

「い、いいから、自分で脱ぐから」

耳朶《みみたぶ》まで赤く染めた美樹先輩が、私の手を押さえると、自分のジャージの腰に手を突っこんで尻を浮かせ、脱ぎはじめた。

汗で透けたショーツの布地の股間が黒く煙《けぶ》っていた。ジャージが、ふくらはぎから足首、薄桃色のかわいいらしい爪先を通り抜ける。

「あんまり見ないで……」

彼女は尻を床につけると、両膝を貝のように合わせて斜めに太腿《ふともも》を傾けた。

逸《はや》る私の劣情が剝き出しになり、乱暴に彼女の腿をつかんだ。

「い、痛い」

「ご、ごめんなさい……」

「自分でやるから……」

美樹先輩はノロノロした動きで最後の一枚に手をかける。

「ちょ、ちょっと、あっち向いてて」

そう言われ、慌てて視線を向こうへずらした。

肌とショーツの微《かす》かに触れ合う音が耳に入ると、心臓の鼓動が速まって仕方ない。

私は膝をずらし、彼女の内腿に手を差し入れた。奥の院の玄関先にある肉の扉を押すと、人さし指が沈んでゆく。

「うぅ、あぁぁっ……」

美樹先輩の呻《うめ》きに、慌てて引き抜こうとした指が締めつけられ、凹凸のある肉段丘を通ってピチュッと指が抜けた。

美樹先輩はほつれた髪を汗ばむ額にからみつかせて目をつむっている。

「先輩……ぼ、僕のも、もっと触って……」

次の淫戯を強いると、しばらくためらっていた彼女がすうっと手を伸ばして肉身を逆手につかみ、包皮をゆっくり上下に擦《こす》りはじめた。

ふたたび奥の院へと中指を侵入させ、浅瀬を擦ると、クチュクチュと湿った音がしはじめた。

指を折って肉襞を揉《も》むと、下腹が波打って尻まわりの床に露が飛びちりはじめた。

「や、や、あっ、うっ、ああっ、あああぁ……」

片尻を宙に浮かせ、しゃくりあげる息を吐く彼女の手もカリ首を執拗《しつよう》にこすってくる。

とつぜん強烈な射精感がこみあげ、彼女の胸にビュビュッと熱い精液を放った。自分で慰めるときの数十倍の気持ちよさだった。

下着や服を身につけ、緩慢に身を起こした私たちは、言葉少なにそれぞれの家路についた。

大会の結果は、私が出場したかいがあったのか、男子団体は三回戦まで進んだ。そして、美樹先輩は個人戦ベスト8まで勝ち残った。

あの日以来、美樹先輩とは学校で挨拶を交わす先輩後輩の間柄に終始。

私のことをどう思っているのか。その本心を聞けずじまいのまま、美樹先輩は卒業してしまった。

自分の我がままぶりと意気地のなさに、若かったなと今は思う。

先生はバージンですか

――神奈川県・エンジニア・五十九歳

「ねえ、小林《こばやし》君、こんどは私が上になってもいい」

かわいい声でねだる玲子《れいこ》先生。今夜で四度目の逢瀬《おうせ》だ。玲子先生は自身の願いを素直に口にする、熟れはじめの女性。俺にとってのよい女の条件が備わっている。口には出さないが、正直うれしい。

広いベッドの上、八歳も年上の女が全裸でしなだれ、甘えてくる。熟女好きの俺には最高のご馳走《ちそう》だ。

十九歳になったばかりの俺。十五分ほど前、コンドームの中にたっぷり射精したのに、すでにペニスが起立している。玲子先生とは毎回、回数が増えていく。今夜はたぶん、五回はイケるだろう。

くだらないと非難されそうだが、いまのうちに俺は限界がどこまでなのか知りたくなっている。ひと晩に十回射精できるのか、もっと上の二十回なのか。最後は、雑誌で読んだように水っぽくなるのか。身体への好奇心が増すばかりだ。

そんな俺の考えを知ってか、玲子先生も俺に合わせ、何度でも入れさせてくれる。聞いてはいないが、彼女も同じように思っていそうだ。何度、突き刺しても、一度もいやな表情を見せない。それどころか、喘《あえ》ぎ、呻《うめ》き、イキつづけている。

誰が見ても、玲子先生は楽しんでいると言うだろう。

「ねえ、小林君、しようよ」

その言葉が終わる前に、玲子先生は俺の上にまたがり、勃起をつかんで入れようとしている。

あまったほうの手で玲子先生が腟口を開くと、ヌレヌレのヴァギナがはっきり目に映った。彼女の薄い恥毛は染みた淫水でからまり、天井光を反射して光っている。

じつに、エロい。

亀頭の先端がぬめりに触れた。玲子先生はそのまま腰を落としてくる。

「ああん……入ってきた……いい……」

玲子先生の甘い声。

「ああ、まだ先っちょだけだよ」

「わかってるわ……でも、すごく気持ちいい……」

俺の中学校の卒業式。携帯電話なんてまだない大昔の話だ。タイムマシンにでも乗った気分で聞いてほしい。こんな話ができるのも、もう時効だと思ってのことだ。

その年の三月上旬。俺は卒業証書が入った筒を手にして、音楽担当の加山《かやま》玲子先生に近づいた。

一昨年、加山先生は教育実習で俺の中学校へ来ていた。たった三週間だったが、俺と先生は馬が合って友達になった。

そんな彼女が今年、大学を卒業して正式に教諭となり、わが母校へふたたびやってきた。そして今日が、彼女にとっては教師として、はじめての卒業式への参列だった。

実習時、ガチガチの加山先生に、俺はなぜか頼りにされた。悩みがあるたびに、そっと声をかけられるのだ。

どうしたらいい、こういうときはどうするの、変なこと言っちゃったかな……などなどだ。

実習生の彼女が生徒との間でトラブルが起こるとアドバイスを求めてくる。俺は教室の笑わせ係であり、お調子者だった。天才とはかけ離れている頭と運動音痴。そのうえ、モテ線とはまったく違う容姿の持ち主だ。

そんな俺に大学四年の美人教育実習生がなにかと相談してくる。同級生の女子は、どこか俺をばかにしていた。それがわかるだけに話しづらく、女性で気軽に話ができるのは、加山先生だけだった。

なにしろ性に興味津々の年ごろだ。いつでも話せる女性がいるだけでも、同級生から羨ましがられるのだ。少しだけだが、鼻が高かった。

そんな男子生徒あこがれの実習生が、翌年に教師になって戻ってきたのだ。彼女は以前と同様に俺を扱ってくれ、暇なときの立ち話がはじまる。また、男子生徒から好奇の視線が集まった。

調子に乗って彼女を笑わせる。そこだけを目にしたら、ふたりは恋愛しているように映るだろう。最高の気分だった。

当時はネットもパソコンもない時代。中学三年の俺はオナニーをはじめていて、ズリネタとして手に入るのは友達からもらったエロ本ぐらい。寂しいかぎりだ。

俺には、加山先生が天使のように思えた。美人だし、かわいいし、頭もいい。理想の女性だ。

けれども彼女をオカズにしてのオナニーはしなかった。マドンナを堕落させることはできない。信じてもらえないかもしれないが、それが中学時代の俺の正直な気持ちだった。

加山先生とセックスはしてみたい。だが、それは夢の話だ。けれども、彼女から性的な言葉を引き出したかった。それゆえに卒業と同時に、最後に彼女にある質問を投げる決意をした。

卒業式場の体育館の出口近く、加山先生は教師が並ぶ最後尾にいた。俺は躊躇《ちゆうちよ》なくまっすぐに進んだ。感激屋の先生はすでに涙ぐんでいた。

立ち止まり、俺は耳もとで囁《ささや》いた。

「先生、バージンですか」

ちょっと驚き、とまどう先生。

「ええ、そうです」

ぎりぎりの小声で、あこがれの美人教師が答えた。

その日、俺は晴れがましい気分で中学校をあとにした。

高校は地元の進学校に滑りこみ、たいして勉強もせずに、うまい具合に都内の大学へストレートで合格した。相変わらず運には恵まれている。

両親といっしょに住み、自宅から電車で通えるところに大学があった。だが朝は早く、帰りはさすがに遅くなる。忙しいと言えば忙しい毎日だった。

加山先生の思い出は高校時代に薄くなり、大学に入ってからは、中学の記憶は頭の引き出しに入れ、思い返すことはなかった。

大学でも相変わらずモテ線とはほど遠いが、女子大生とは仲よくやっていた。なぜか気軽に話しかけてくる。理解不能だが、その点も中学で加山先生と親しく会話ができた状況と変わらない。

大学に入って、童貞はとっととソープで卒業した。十歳以上年上のソープ嬢を気に入り、それですっかり熟女好きになった。セックスに関しては彼女にしっかり鍛えてもらった。

あと一週間で大学入学後、初の夏休みがはじまる七月上旬。地元の駅に着いたのは夕方八時を過ぎていた。バス乗場へ向かっていると、とつぜん雨が降り出した。夕立だ。銀行の庇《ひさし》へ逃げこむと、ひとりの女性が雨宿りしていた。

「あら、小林君」

唐突に名前を呼ばれた。知り合いなのは確かだが、彼女は折りたたみ傘をひろげようとしていて、顔が見えづらかった。

「私よ、加山。久しぶりね。小林君、もしかして大学生？」

「あっ、どうも加山先生。ええ、大学通っています」

やっと中学時代のマドンナ先生だと気づいた。美人でかわいいのは変わらないが、艶っぽくなっている。

「おめでとう。一年生ね。いいなあ、楽しいでしょ」

「ええ、ほんと楽しいです。女子学生が多い学部なので、華やかで最高です」

「そうなんだ。もしかして、彼女がいるの？」

「残念ながら、まだです。やっぱモテないです」

「そうかあ……ねえ、いまから飲みに行かない。入学祝に私がおごるから、つき合って」

未成年だが、新歓コンパがあり、すでに何度も飲んでいた。

金曜日だった。明日は俺も先生も休日だ。それもあって誘うのだろう。家に帰るつもりだったが、美人教師から誘われたら、うなずくしかない。俺は見えない尻尾《しっぽ》をプンプン振りまわしていた。

先生がひろげた傘に入って並んで歩く。相合傘だ。先生の香りだろうか、優美な匂いが鼻を刺激し、心がざわつく。耳に入ってくるのは雨音だけ。狭い部屋で先生とふたりでいる感覚だ。

雨が激しくなった。めざす店はすぐそばだと先生は話していた。俺は従うだけだ。速足になり、狭い傘のなか、身体が揺れ、肩と腕がときおり触れる。こんな近距離も肌が触れ合うのも当然はじめてだ。触感で先生を女として意識した。

だが、ご本人は平然としている。気にしていないようだ。

「食べものの種類は少ないけど、ここでいいかな」

「電車の中でパンを食べたから、お腹《なか》はそれほど減っていません。ぜんぜん、平気です」

先生が薦める店は雰囲気のあるバーだった。その手の飲み屋に足を踏み入れた経験はなかった。

分厚いドアを引いて中に入った。薄暗い店内。壁はところどころが水槽になっていて、熱帯魚が泳ぎ、カウンターテーブルには、スツールごとにスポット光が円を描いている。

客は俺と先生のふたりだけだった。マスターがひとりで氷をまるくしている。

瞬間、目を合わせたが、挨拶はない。先生がいちばん遠いスツールへ座るよう、俺が促した。

「なにを飲む」

「シングルモルトのオン・ザ・ロックで……」

「カッコいいわね。いつも飲んでるの」

「いえ、はじめてです。でも、いつか飲みたいなって思ってて。ダメですか」

「マスター、シングルモルトのオン・ザ・ロックをください。私はジンのオン・ザ・ロックをお願いします」

「シングルモルトのブランドは」

マスターがこちらを向いて聞いた。

「お任せします」

三人の口数の少ないやりとり。静かにジャズが流れる店内。タバコの香りが仄《ほの》かにする。アダルトな雰囲気に圧倒されるが、それが心地よい。

ジンが好きなこと、マスターがさっとボトルを置いたこと、そしてボトルをキープしていることに、俺は驚いた。

（いまでもきれいでかわいいのに、ジンロックつて……）

先生が酒好きとは意外だった。ジンは嫌いではないが、俺を含め、ストレートで飲む友達はいない。まして女性がボトルを置いて飲んでいるのは聞いたことがなかった。

そこのところを問うと、

「大人になっちゃったのかな……」

ボソッと先生がつぶやいた。

「ですよね。ええと……」

指を折りはじめると、その手を先生がつかんだ。やわらかい指が俺の指とからまる。

「八歳年上だから、今年で二十七よ。アラサーね」

私が黙っていると、先生はそっと手を放した。

「小林君から見たら、おばさんだよね」

「そんなことないですよ。いまでもきれいだし、やっぱり、俺ら生徒のマドンナですよ」

俺は三杯目のオン・ザ・ロックを手にしていた。先生もかなり飲んでいる。アルコールが利いてきた。つまみのピーナッツを口に放りこみ、火照った胃を休めながら飲みつづける。

しばらくして、ゆるい会話がとぎれた。雰囲気を壊したくない俺は、焦って言葉を探した。

「先生、まだ、バージンですか」

口にしてから後悔した。俺はこんな質問ができるほど子供ではない。

先生はしばらく黙っていた。カウンターの中に並ぶ酒のボトルを眺めてから、俺に視線を合わせた。

「バージンじゃないわよ。がっかりした」

私は首を振った。

「結婚したの……そして、別れたの……ばかね」

「そんなこと……」

「いいわよ、慰めなくても。もう一年も前の話だから」

先生の瞳が震えている。俺はかける言葉が浮かぱなかった。

「ねえ、場所を変えましよ」


傘をたたみ、マンションの階段を上る。二階いちばん奥の部屋まで歩き、先生がキーを使ってドアを開けた。

「遠慮しないで、入って」

と、背中を押された。

「ここって……」

靴を脱ぎながら訊《き》くと、

「私のマンションよ。賃貸だけどね」

と微笑《ほほえ》む。

ダイニングキッチンにラブソファがあり、そこへ座らされた。

「はい、ビール。ほかにはウイスキーもあるし、日本酒もある。それとジンもね」

先生が手にした缶ビールを受け取り、口をつけようとすると「カンパーイ」と言って自分の缶を当ててきた。

すると、開けたプルトップから勢いよく泡が飛び散り、互いの服にかかってしまった。慌てて立ちあがると、

「ごめんね」

ティッシュで拭いてくれる先生。俺の腹のあたりが盛大に濡れていて、それを何度も拭う。

「痛てっ」

痛みはないが、つい小声で叫んでしまった。それを笑ってごまかすと、先生も笑い出した。

まだ、服を拭っている先生。セミロングの髪が真ん中できれいに分かれていて、ゆるやかにカーブを描く白い地肌が美しい。

「先生、ぜんぜん若いですよ。まだ二十歳でも通りますよ」

「その言いかたって説得力ないなあ。本気で言ってる」

と問いながら、先生は立ちあがった。

「ウソのつもりはないけれど、ちょっとヨイショしすぎかな」

「このぉ」

と叫んで、先生が右の拳を上げる。

とっさに手首をつかみ、暴力反対と笑顔を作る俺。

先生は拳をひろげ、俺の手を握ってから、腕を自身のうしろへまわした。手の甲が先生のヒップに押しつけられた。

「キスしてもいいのよ」

艶然と微笑むマドンナ。

唇を重ねた。あの美人先生のナマ唇だ。思わず鼻息が漏れた。興奮を抑えきれない。先生の舌がこじ入ってきた。恐ろしく細い舌先が俺の口内で遊び、歯茎や舌を何度も突いてくる。先生がこんなに積極的だとは考えもしなかった。

すでに最大限に勃起しているそこへ、先生の手が下りてきた。ジーンズ越しにペニスをつかみ、力を入れて擦《こす》りあげる。

「エッチ、したくなってるわね……する？」

うなずく俺。

「じゃ、脱ぎましょ。小林君、裸になって」

ふたり同時に、全裸になった。先生は恥ずかしげもなく、真正面に立っている。目の前にある手のひらサイズの乳房が眩《まぶ》しい。ツンとすました両乳首。恥毛は意外に濃く、下着に押さえられていたからか、くせ毛のようにたなびいている。

俺はと言えば、天を衝《つ》くほどの容姿で勃起していた。ソープ嬢に褒められたそこは自慢の大きさだ。先生は見て驚く表情を隠さなかった。

「ちょっと握らせて」

と口にして、先生はおもむろにつかんだ。

「すごいわね。私、壊れちゃうかも」

妖艶な表情で、先生は握りしめている。

そう、先生は壊れてしまった。その年の夏休み、一カ月半。ふたりは飽きるほどセックスをした。実際には飽きるどころか、ほぼ毎晩ヤりつづけていたのだが。

長い休みが終わる寸前。美人でかわいい先生は俺と会えなくなってしまった。離婚したはずの夫とよりが戻ったのだ。先生の話では、離婚届は夫に任せていて、彼は役所に出していなかったらしい。学校には離婚のことは伝えていないし、苗字《みようじ》もそのままだから、誰にも迷惑はかからない。俺は復縁の理由を訊かなかった。いや、知りたくなかったのだ。

だが、最後にとどめを刺された。

「じつはね、夫のほうが小林君より、ちょっとだけ大きいの」

魅惑のゲレンデ

大阪府・会社員・五十五歳

大学最後の冬休み。彼女と二泊のスキー旅行を計画した。スキー映画が空前の大ヒットで空前のブームになっていたからだ。

どこのゲレンデでも映画で使用された曲の数々がくり返し流れていた。

東海地方の都市からツアーバスを使って長野県のスキー場へ。夕方からはお土産屋めぐり。芸能人のショップも出店しているほど盛況ぶりである。

夜はラブホテルのように二時間枠にとらわれずひと晩中……。

そのために奮発してお洒落《しゃれ》な部屋のプランを選んだ。

ところが、実際に隣にいるのは野郎の雅史《まさし》だった。旅行直前に彼女と破局を迎え、キャンセル料がもったいないので「スキーの師匠」でもある悪友の雅史を誘ったのだ。

ゲレンデでナンパして女子といっしょに滑りたかったのはやまやまだが、私はキャリア二年目。ようやくボーゲンを脱したばかりで様にならない。昼間は特訓に励むだけだった。

夕食はビュッフェスタイルのレストラン。恋人どうしやグループ客が食事に来ていた。

「あのふたり……」

雅史がふたり連れの女性に目をつけた。大学生かＯＬだろう。着座した様子から、ほかに連れはいなさそうだ。

「あそこ、行かへんか」

「オーケー」

食事を乗せたトレーを持って女子ふたりが座る席に向かった。

「ここ、ええ？　いっしょに食べへん？」

雅史が声をかけると、ふたりは驚いて顔を見合わせた。

「ナンパ？　悪いけど、ウチら結婚しとるんよ」

「えっ、ナニ、大阪から？　俺も大阪出身やねん」

雅史がグイグイ話しこんでいく。

「俺、○○市や」

「ええ、田舎やん。うちら○○やから」

「うわっ、お嬢やん」

私には土地勘がないのだが、ふたりは高級住宅地から来ているらしい。本当だろうか。

「俺らN市の大学行っとんねん。こいつ、旅行直前になって彼女にフラれよって、そんで俺が誘われたっちゅうわけ。なあ、寂しいやろ？　いっしょに食事したってや」

返事を待たず、席に座りはじめる雅史。私もそれにならった。

「失礼しまあす」

私だけ言葉が違うので、浮いている気がした。

「俺、雅史。こいつ、誠《まこと》」

「誠でえす」

話ベタの私は、とりあえず雅史のテンションに合わせて話しはじめた。

「お姉さんらは？」

「私がトモコで、この子がアヤ」

短めのソバージュで色っぽいトモコさん。ショートヘアがアヤさんだ。彼女たちも私たち同様、トモコさんがよくしゃべり、アヤさんはそれについていく感じだった。

「結婚してるって本当？　指輪してないじゃん」

「見とるねえ。スキーするんで、はずしとるだけよ」

「でも、ふたりだけで来とるんやなぁ？」

「うちらも誠君らみたいな感じかな」

食事しながら話が弾みはじめた。

特にアヤさんは車好きで話が合った。

「このあと、お土産屋めぐりせえへん？」

「うちら昨日してきたから遠慮しとくわ。今から出るの億劫《おっくう》やし」

「昨日から来てたの」

「そう、明日帰えんねん」

「うわぁ、一日違いか」

「じゃあ、部屋でゲームしながら飲まへん？」

「どうする、アヤ？」

「ええよ。私、ワインでええわ。赤」

「決まりや。買い出ししとくわ。一時間後にロビーな。絶対来てや。こいつをこれ以上、寂しくさせせんといてや」

私をダシにする雅史だが、それで成功するなら大歓迎だ。

急いで着がえて買い出しに向かった。

ワインにビールにオツマミ……。


一時間後、ロビーのソファに座ってふたりを待つ。本当に来てくれるか不安で時間が過ぎる一分一分が長かった。

十分くらい遅れてふたりがやってきた。

セーターにダウンを羽織り、下はトラックパンツの裾を折り曲げてショートソックスの間で足首を見せたかわいらしい恰好《かっこう》だった。

ふわりと薫るお風呂あがりの匂いにドキドキした。レストランでは気がつかなかったので入浴を済ませてきたのだろうか。

ふたりを部屋に案内する。

「おっしゃれえな部屋っ」

部屋に入るなり、ふたりが声をあげた。

「この部屋に野郎ふたりはつらいねん」

「おふたりが来てくれて助かりましたよ」

泣きマネをして見せる。

ツインベッドの間にテーブルを持ってきて、カードゲームをはじめた。

「お飲みものはこちらでえす」

サイドテーブルに酒とツマミを置いた。

ワインを所望しただけあって、アヤさんもビールを飲むトモコさんもアルコールに強い。

私はビール派だが、ほぼ下戸なので、飲むふりをしていた。女子よりも先につぶれてしまっては、元も子もない。

部屋の温度を高めにしていたので、女子ふたりはダウンを脱ぎはじめた。

ピッチリしたセーターを着たアヤさんの胸がバンと突き出ていたので、つい目がいってしまう。

ゲームも盛りあがり、いっしょに旅行に来た仲間のような親睦感が生まれてきた。

宴もたけなわになったところで飲みものがなくなってしまった。

「俺、ちょっと買《こ》うてくるわ」

雅史が立ちあがると、

「私も行くわ」

トモコさんもダウンを着て立ちあがった。

「誠、細かいの持ってたら貸して」

財布を持って雅史のとこに行く。

「朝食、九時な」

雅史が小声で耳打ちした。

そういうことか。

ふたりが出ていって、部屋にはアヤさんとふたりっきりになった。

とびきり美人ではないが、ボーイッシュな笑顔がチャーミングだ。

いた。

「スキー、けっこう行ってるの？」

「下手っぴやねん。足あざだらけやし、体ガタガタや」

大胆にもトラックパンツの裾を引きあげて見せたふくらはぎには、青あざができていた。

「うわっ。痛ったそう。ちょっと、マッサージしよか。俺、陸上部だったから得意なんだ。うつ伏せになって」

アヤさんの返事を待たず、ベッドに勧めた。

足裏からふくらはぎをマッサージする。意外に足が細かった。

「痛ッ！　痛いッ！」

アヤさんは悲鳴をあげつつも、

「誠君、うまいわぁ」

と誉《ほ》め言葉も。

マッサージの手が太ももに進む。滞った血を心臓に戻すために下から上にさする。

「日ごろ使っていない筋肉だから、やっとかないと筋肉痛になるからね」

内ももの筋にそって親指で押し、足のつけ根のきわまでさすりあげる。

「あン」

「あれ……今、変な声、出さなかった？」

「出してへん！」

馬乗りになって臀部《でんぶ》のツボを押し、手のひらを当てて大きくまわす。

……ピチャッ……ピチャッ……。

スイングジャズが流れる部屋に、微《かす》かに音が聞こえてくる。

肩胛骨《けんこうこつ》まわりと肩をマッサージ。

「やりにくいな。セーター、痛んじゃうよ」

「え、あかんわ。カシミヤ百パーセントやで」

「セーター、脱いだら？」

「下はババシャツやから、恥ずかしいねん」

伏せているアヤさんの耳もとでささやく。

「じゃあ、ぜんぶ脱いじゃおうか」

こちらに向けたアヤさんの顔は、飲んでいたときよりも紅潮していた。

唇を奪う。

「んん」

ギュッと抱きしめる。ぶわっとひろがるシャンプーの香りが心を刺激する。

セーターといっしょにババシャツを脱がす。ゲレンデのように白い肌。ブラに収まりきらない乳房には血管が透けて見えていた。

トラックパンツのウエストに手をかける。アヤさんが腰を浮かせてくれたのでスッと脱がすことができた。

スポーツブラとパンティーとソックスがグレーで統一されていて、かわいい。パンティーの股間部分は湿って色濃くなっていた。

「うわぁ、かわいい」

「ああ、やっぱりこうなるねんなあ」

「いやじゃないでしょ」

「私だけ脱ぐのはあかん」

着ていたスウェットの上下といっしょに下着まで一気に脱ぐと、ビンと跳ねあがったチ×ポが出現した。

「もう！　明るいやん。肉がダブついとるのバレるわぁ」

アヤさんが顔をそむける。

「肉、ついてるってほどでもないよ。もっと、アヤさんを知りたい」

吸いつくようにもっちりとした肌。大きな乳房はブラの支えを失うと上部のボリュームがない反りかたで、乳首がツンと上に向けて垂れていた。


バスルームでスキンの処理をして戻ると、アヤさんは布団にくるまっていた。

「いつも、ナンパしとるん？」

「はじめてッスよ。じつは別れた彼女としか経験なくて……」

「ほんまに？　フーゾクもないん？　それにしては前戯うまいわぁ」

経験がないぶん、奉仕するつもりでいたのが功を奏したか。

「いやぁ、アヤさんが魅力的だったから」

「じゃあ、今度はお姉さんが教えたげる」

アヤさんがチ×ポを咥《くわ》えた。口の中で亀頭を器用に転がす。

痙攣《けいれん》するように快感が襲う。人妻というものはこんなにうまいのか。終わったばかりだというのにもうカッチカチになっていた。

結局、夜二回、朝二回もしてしまった。

シャワーを浴び、着がえながら聞いてみた。

「ねえ、本当に結婚してるの？」

「それはヒミツや。あぁ、スッキリしたわ」

チュッと軽くキスをして、笑みを浮かべた。

九時すぎにレストランに向かうと、雅史とトモコさんが朝食をとっていた。

「おはよう」

この場では夜の話は出なかった。

「このあと、ひと滑りしようか」

「そやね。あとはバスで寝てくだけやから」

四人で軽く滑って昼前にはホテルに戻った。アヤさんたちが帰り支度をするからだ。

バス出発所に向かうふたりを見送る。

「ほなね」

アヤさんたちが手を振る。こちらも手を振って見送った。互いの本名も連絡先も知らぬまま……。

話上手の雅史も本当に既婚者かどうかは聞き出せなかったらしい。ただ、トモコさんもすごテクだったようだ。

潮噴き初体験

愛知県・OL・四十六歳

まさか、自分が四十六歳にして潮噴きを経験するなんて思ってもいなかった。

一五五センチ、五十キロ。Bカップの貧乳でさえも垂れてきて、お腹《なか》まわりとのバランスがいやになる。髪は手入れをしているほうなのでまだ艶を保っているが、白髪は隠せない。そんなごく普通の中年女性だ。

相手はマッチングアプリで知り合ったひとまわり年下の拓実《たくみ》君。コロナ禍になる前に彼と別れてから、私はまったく男性と接触がない生活を送っていたが、いよいよアラフィフに近づき、女性ホルモンを活性化しないと老けこみそうな気がして、流行《はや》りに乗ることにした。

登録するとすぐに、驚くほどのメッセージが届いた。その中から印象のよい男性とやりとりを続け、拓実君がダントツで丁寧で誠実だったことから、私はいつか会えればいいなぐらいの期待をこめて、メッセージで交流を深めていた。

一カ月ほど毎日やりとりをするうちに、私の気持ちが少しずつ変化しはじめた。抱きしめてほしいとか、キスがしたいと性的欲求がほつほつと湧いてきたのだ。

——会いたいな。

——うん、僕も。

相手は三十四歳。熟女の相手をしなくても女性関係には困っていないはず。仕事が忙しいとか理由をつけて断られる覚悟もできていたが、拓実君は自分の都合のよい日をすべて知らせてくれ、二週間後に会う約束ができた。

私には性的欲求があるけれど、拓実君はどうなのだろう。とりあえずランチなら、お互いにしっくりこなくても帰りやすい。がっかりされてもへこまないように、自己防衛をする。

それでもわくわくする気持ちを抑えるのは難しい。ネイルサロンにも行き、ペアのブラとショーツまで新調する。あれこれ勝手に妄想している時間がいちばん楽しいのだが、少しずつ緊張も高まり、前日はなかなか寝つけずに当日の朝を迎えた。

月曜日の午後一時。私の最寄り駅で待ち合わせ。

予約したのは海岸ぞいのイタリアンレストラン。私が車を出すことになっていたので、拓実君に車種とナンバーを知らせた。到着時間になり、サイドミラーで駅から拓実君らしき男性が歩いてこないか確認する。

喉が渇き、水を飲もうとしたそのとき、コンコンと窓ガラスをたたく男性が現れた。

拓実君だ。

「拓実君？　こんにちは。どうぞ、乗って」

「お邪魔します」

想像以上に若く見える拓実君に、私は少し動揺しながら車を走らせる。あんなにメッセージのやりとりをしていたのに、直視するのはお互いに難しい。それはレストランに着いても変わらなかった。

細身なのにベージュのシャツの上からでも、ほどよい筋肉質がわかる。黒髪と、はっきりした二重の目はさわやかなのに男っぽい。こんな好青年に出会いがないなんて、とうてい信じられない。

おいしそうにサラダを頬張る姿を見ているだけで幸せな気持ちになるなんて、これが年下君の魅力なのだろうか。

穏やかで楽しい時間が過ぎていく。

デザートを食べ終え、コーヒーを飲みながら拓実君を見つめる。拓実君が目の前の熟女を拒絶しているとはなぜか感じない。

私は軽蔑されてもかまわないと思った。

「拓実君とキスがしたいの」

「いいですよ」

驚くほど返事は早かった。聞いた私がとまどってしまうほどに。

「じゃあ、出ようか」

「はい」

行き先を告げずに走り出したけれど、目的地はわかっているはずだ。ラブホテル街までは車で十分ほど。少しだけラジオのボリュームを上げて、騒ぐ気持ちを必死で抑えた。

平日の昼間だというのに、空室はわずか二部屋。

「どっちにする?」

「夏美《なつみ》さんが選んで」

私は暗めの部屋を選んだ。

エレベーターに乗ると、拓実君が隣に立ち、私の手をぎゅっと握る。彼も緊張しているのだと思った。

そのまま無言で部屋に入ったが、私は久しぶりのラブホテルにテンションが上がった。

「こんな感じなんだ」

荷物を持ったまま部屋を見わたしていると、拓実君がうしろから抱きしめてきた。ハグから伝わる彼の体温が久しぶりの感覚で、興奮が隠せない。

「手洗いと、うがいも……」

私は思わず母親みたいなことを言い出してしまった。

洗面所にふたりで立つと、はっきり年の差がわかる。

これからキスをして、私は彼に抱かれるのだ。果たして私が相手でも、彼は勃《た》つのだろうか。

「こっち座って」

拓実君はベッドに腰かけて、私を手招きした。

「緊張するね。キスでもしたら落ちつくかな」

そう言って、拓実君がいきなり唇を重ねた。

「うっ」

ミントの味がするキス。彼の舌が私の舌とからみ合い、どれだけ興奮しているかを確認し合うようだ。

そのままふたりはベッドに倒れこみ、彼がブラウスのボタンに手をかけた。

「今日は夏美さんを、ずっと舐《な》めていたいんだけど」

こんなリクエストを断る女がいるわけがない。

「シャワーを浴びさせて」

「このままがいい」

「でも、臭《にお》いとか……」

私の言葉を遮るように、彼はシャツを脱がせ、首すじからぺろぺろと舐めはじめた。

それだけで濃厚な汗が噴き出しそうだ。

「あぁん」

久しぶりのセックスが動物的で、刺激が強すぎる。脇腹に舌が這《は》いまわり、ブラジャーをやさしくはずされると、こりこりにとがらせた乳首をぱっくりと舌で捉えた。

「いい、ああっ」

拓実君の脚が私の両脚を固定し、私は思うように動けない。その支配感がたまらなく、唇から乳首へ何度も往復する唇と舌と指が全身のうぶ毛を逆立たせる。なにより拓実君はまだ服を着たままだし、私もスカートをはいたままだ。

「脱がせて」

「いやだ」

上から私を見下ろす視線はかわいい子犬のようなのに、ずっと上半身を撫《な》でまわされ、焦らされている。

「拓実君の肌をじかに感じたいの」

本音だ。シャツの手触りは悪くないけれど、やっぱり素肌の感触を堪能《たんのう》したい。

拓実君がおもむろにシャツを脱ぎ、ズボンを下ろした。その中心はむっくり起きていた。

思わず唾を飲みこむ。ところが拓実君の攻撃は収まることを知らず、私はふんわりスカートをまくられ、そのままM字開脚で膝を固定されてしまった。

「恥ずかしい」

膝にキスをして、そのまま太ももを執拗《しつよう》に舐める。

「うわっ」

どんどん秘部に近づき、拓実君の息がパンティーにかかった。

早く触ってほしい。

拓実君の舌が湿ったパンティーを左にずらし、お尻のほうからヒダに吸いついてきた。ちゅうちゅうと卑猥《ひわい》な音が響きわたる。

「あぁん、すごい。そこ、だめ。そんなにしたら」

つんつんと舌でクリトリスを突かれ、私はもう身体に力が入らない。それをいいことに、拓実君は私の両脚をこれでもかというほど左右にひろげる。羞恥心で滴るほどに愛液が溢《あふ》れる。

痛みもなく、ぬるっと私の中へ侵入してくる彼の指。潤んだ中をどんどん奥へ進むと、コンコンと壁をたたくように子宮をノックされた気がした。

「ああ、なんかすごい」

一瞬、時間が止まった。

「夏美さん、潮噴いたね」

「えっ、潮……私、そんな経験ないから」

拓実君の指が私の奥深くで動いているのはわかっていたし、気持ちよくて身体が勝手にのけぞっていたのだけど、私はその瞬間がはっきりとわからなかった。

絶頂に達する感じとは少し違い、たぷんたぷんと彼の指が作り出す卑猥な音を聞きながら腰を浮かせたら、大量の潮が放出したようなのだ。シーツは大きなシミでびっしょり濡れていて、身体が触れると冷たい。

「潮、拭き取らないとね」

そう言って拓実君が股間に顔を埋《うず》め、またぺろぺろと舐めはじめた。

「だめぇ、そこだめぇ」

くすぐったいような、痺《しび》れた感覚が全身を襲う。

拓実君はいつのまにかコンドームをつけていた。

「少しだけ挿《い》れるよ。どう。いい？」

「気持ちいい、あぁぁ」

あまりの気持ちよさに息ができない。ゆっくりと彼が奥に入ってきて、ぐりぐりと押しつけて動きを止める。まさに密着の極み。

セックスってこんなに気持ちよかっただろうか。

拓実君の腰の動きは比較的穏やかだと思うのだが、入口で熱いペニスを出し入れされるたびに喘《あえ》ぎ声が大きくなり、汗が噴き出した。

「ああん、イク、イク」

「すごいよ、あぁ、俺も」

拓実君の射精感がはっきりわかった。

「あぁ、あぁ、ああぁ」

強烈な絶頂だ。どくんどくんとペニスが波打つ感覚に幸せを感じる。

「まだ舐めたい」

呼吸を整えながら拓実君が囁《ささや》いた。

禁断の果実

兵庫県・労務コンサルタント・七十七歳

「おまえにぜひ紹介したい女の子がいるんだ」

会社に沢木五郎《さわきごろう》から電話があり、約束の場所に向かった。

一九八〇年代、世はバブル全盛のころである。飲み屋横丁のはしご酒。沢木とはたまたま飲み屋で知り合い、意気投合。遊びの悪友どうしになっていた。

彼は私より五歳年上で兄貴分でもあった。沢木は行動力があり、いろんな事業を展開して、挫折もあるも媚薬《びやく》販売で成功した。

「とびっきりの女を紹介するよ。たぶん気にいるよ」

会うなり、沢木は自信たっぷりに言った。私は単身赴任で、平凡な毎日にうんざりしていた。オンナにも飢えていた。

紹介されたのは、専門学校に通う二十歳の女性だった。

おいおい、若すぎるよ。これじゃ、父と娘の関係だ。

「由美《ゆみ》さんだ。おまえのことを話したら、興味を持ってくれた」

小粋なバー。ほどよく照明が落とされた店内。そこに美白の女、由美が座っていた。さらさらのロングヘア、胸もとの盛りあがる隆起は半端ではない。大柄でむっちりとした肉づきが猥雑《わいざつ》感たっぷりである。

「抱きたい。いい女だ」

心底願望した。

「気に入ったようだね」

沢木は私の心の動きを先刻察していた。

ところで由美は、と彼女に問い、こっくりとうなずくのを見て、

「よし、紹介は成立だ」

沢木は私の肩に手を置き、それじゃ、と簡単に別れを告げた。うまくやれよ、と言いたげに手を振る。意味深な笑みを残して去った。

なんだ、その半笑いは……。

「沢木からどのように聞いているの」

「趣味がいっしょです。古城めぐりは最高ですね。わたし、お城が大好きなんです」

そうか。由美の琴線に触れたのは城へのこだわりが同じからか。

由美の横に座る。横顔を見ていると、淫らな感情が全身を駆けめぐる。由美を抱きよせ、右手で由美の胸に触れた。

「ああ……」

と、由美の唇から吐息がもれた。薄い胸の中央に乳首が大きくとがっている。乳首をつまみ、丹念に愛撫《あいぶ》する、彼女は虚《うつ》ろな表情だ。ぴくぴくと身体で反応した。薄く紅をひいた唇が喘《あえ》いだ。

「おっぱいが性感帯なんだね」

「あなたが、やさしくしてくれるからよ」

「それにしても、君ほどの美人が、俺でいいのか」

「言わないで。いやなら断っていました」

あうんの呼吸で私たちはホテルに入った。交替でシャワーを浴びる。

「お願い、明かりを消して」

「えっ、どうして」

「恥ずかしい、恥ずかしいから……」

「君のきれいな顔が見えない。もったいないよ」

精いっぱいの世辞で反論した。だが、かたくなに抵抗する姿勢に根負けし、由美の裸は次の楽しみに取っておく。

かすかな明かりにも由美の美貌は輝いていた。

私の劣情は沸点に達していた。長期の単身赴任で情を交わす機会もなく、妻とも没交渉だ。今夜は、棚から観音様《かんのん》が転がりこんだ状況。いい女が目の前で私の愛撫を待っている。

乳首を口に含んだ。舌の中で転がし、ときどき噛《か》む。

「ヒイ、ヒイ、ヒイ」

すすり泣き、女の全身が小刻みに揺れ動く。

「こうしてほしかったのか。乳首が立ってるよ」

「いやっ、言わないで、言わないで」

耳をふさぐ仕草がまたかわいい。

耳もとで、エッチな言葉で責め、全身の愛撫も間断なく行う。そのたびに、ふう、ふうと吐息がもれた。

由美の吐息……。

甘い香りが脳天を刺激した。舌をからませる。由美もまた積極的に接吻《せっぷん》を求めてきた。若い女の唾液を激しくすすった。かなりの時間が経過した。由美がすすり泣き、その表情を見るだけで、私は深い充足感を味わっていた。

長身のみずみずしい肢体が、腕の中で悩ましくのたうちまわった。

私は久しぶりにかつての勢いを取り戻し、ペニスは硬く、弓なりに反っている。

「うしろに入れて」

由美が恥ずかしそうに小声で呟《つぶや》く。

「アナルセックス……？」

今日出会い、即アナルか……。

ロマン派の私には大きなとまどいがあったが、由美がそうしたいと言う。

薄明かりのなか、バックから媚肉をかかえこんだ。

「痛くないか」

ゆっくりと肛門に挿入してゆく。

肛門にするりとペニスが入った。

ゆっくりと、そして激しく、強弱をつけながら、由美のヒップに挿入をくり返した。

締まっている。奥へ進むほど締まってくる。ざらざらした感触。きつく締めつけられ、ペニスを動かすたび脳天に快感が訪れた。

由美はどうか。

「気持ちいいわ。田中《たなか》さん、大好きよ」

「由美さん、出るよ。もう、ダメだ」

「ああ、いい、いい、あたしも、あぁぁ……」

ふたり同時に果て、快楽の極地にひたる。

「すごくよかった。沢木さんから君にぴったりの男性を紹介すると言われたときから、きっとこうなると……」

数時間前に会ったばかりだが、離したくはない。くたびれた中年男には望外の宝物である。以来、週末に逢瀬《おうせ》を重ねた。

俺でいいのか、しがないサラリーマンなのに……。

「あなたの恋人でいられるのが、由美のいちばんの幸せなの。なにもいらない」

セックスは由美の求めるままに、快楽に溺れていった。

しかし、気になることは解消されていなかった。お風呂にいっしょに入ってくれないのだ。

部屋の明かりを消す。私は明るいほうが燃えるのだが。それに由美はかたくなに正常位での交わりを拒否する。

相手の目を見て性交したい。男なら、誰もが思うだろう。

そしてその疑問は、とつぜん明かされた。

由美がバスルームでシャワーを浴びているときに、思いきって、バスルームに入った。

背中を抱きしめ、薄い乳房をつかむ。丹念にもみほぐす。みるみる乳首が立ってくる。由美が感じて膝から崩れた。

「由美、立つんだ。身体を見せてほしい」

「あぐぅ……」

小さく愉悦の言葉がもれた。甘い由美の息。感度が抜群によい。体質なのか。そそり立つペニスを由美の女陰に真正面からぶちこもうとした。

「ああ！」

由美の悲鳴。

そして、私は見た。

由美の陰裂に、男のシンボルがあるのを……。

それはまぎれもなく、親指大のペニスだった。

私はその事実に愕然《がくぜん》とした。

「……まさか、由美」

絶句した。

なに、これ。君は男だったのか。

由美は覚悟の告白をしてくれた。心は女なのに男の体で生まれてきたこと、男として育ち、苦しくつらかったことを涙声で話してくれた。

「由美、わかったよ。いままで苦労したんだね」

私は黙って由美を抱きしめた。

「さあ、おいで。もう隠さなくてもいいから。生身の由美を愛している」

「本当？　ありがとう。うれしい」

この年まで男性との経験はない。むしろホモ行為は嫌悪していた。

これって、男と関係することになるのか……。

その日は、以前より激しく燃えた。

由美が音をたてて私のペニスを吸う。絶妙のフェラチオ。喉の奥が鳴っている。

すぐに、シグナルが来た。

「出るよ、由美」

ごくりと精液を飲む。最後の一滴まですすり、あらためて咥《くわ》えこむ。

精液を飲みこんだ由美の唇に私は接吻した。悪友の沢木は、訳ありの由美を紹介した。沢木はホモには興味がなく、指一本触れなかったらしい。

沢木が別れぎわに意味深な笑みを浮かべたが、ようやく謎が解けた。私の性癖を見抜いていたのか。

由美は必死に女性になろうとした。バストへの注射、女性ホルモンの注射もしていた。

知らなかったが、市内に数軒の女装クラブがあるという。女装して、女言葉で話し、つかのまの変身場所であった。

「私が勇気をもらった原点は女装クラブです。女になりたい仲間がいます。いっしょに行っていただけますか」

「由美をよく知るためにも、行くよ」

「でも、びっくりしないでね」

繁華街の場末のビルに、由美が通う老舗《しにせ》の女装クラブがあった。ママさんらしき人がにこやかに応対する。上品な物腰、丁寧な接客が好印象だった。

「あの方が店の経営者で、相談ごとはすべてオーケー。化粧の仕方から女としての立ちふるまいまで教えてもらいました」

「やはり女性が先生役ですね」

「ママさんも男性です。この店には純の女性は誰ひとりいません」

店内で女装をするための下着からドレス、ウィッグ、履物まで貸してくれる。

当時で男女とも入店料は五千円であった。女装して、静かにもの思いにふけるもよし、女どうし会話を楽しむもよし、男に愛されるために女になるもよし。

店内にはすでに十人ほどの客が来ていた。背広姿が三人、あとは女装者だ。

交際して半年になる年の暮れ、異変が生じた由美が私を避け、会ってくれなくなった。約束の場所には現れなかった。携帯電話のない時代のことで連絡がつかない。専門学校は、すでに除籍となっていた。

女装クラブのママさんを訪ねた。

「由美さんはお見えになりません。なぜ由美さんが消えたのか気がつかれませんか」

「千鶴子《ちずこ》さんのことで失望したのよ」

ママさんが指摘したのは、あの夜のことか。その日、由美は体調が悪く、ダウンして化粧室で仮眠していた。ひとり残された私に女装者がちかよってきた。

「はじめまして、千鶴子です」

と言い、私の膝に手を置いた。

ノースリーブのわきから黒い腋毛《わきげ》。真っ赤なルージュの唇……。

「あちらへ行きませんか」

千鶴子は部屋の隅の衝立《ついたて》のあるコーナーに私を誘った。一瞬ためらいはしたが、由美は寝ている。千鶴子は私のズボンのチャックを下げ、いきなりペニスを口に含み、激しい動作をした。

「おいしかった。また飲ませてくださいね」

女装クラブでは一夜かぎりの恋愛は普通の流れだが、私は由美の同伴者だ。由美を裏切った愚か者だ。

「ママさん、千鶴子さんのこと、どうして由美は」

「彼女は寝てはいなかったのよ。あなたと千鶴子さんのエッチを目撃したわ。女装者は、純女性に負けるのは許せるけど、同じ女装者に色目を使うのは許さないのよ、プライドが……」

浮気者と由美は怒り、私のもとから去った。

落胆後悔の念。立ちなおるのに、歳月がそうとうかかったのを覚えている。

好きなのはカラダ——東京都・ＯＬ・三十一歳

平日の夜、二十三時を過ぎたころ、スマートフォンが震えて、メールの受信を知らせた。

「いま、家ですか？」

本当は、半分寝ていた。明日も早い。でも、この誘いを私は断れない。だって、次にいつこうして声がかかるかわからないから。眠い目をこすりながら、メールを打ち返す。

「うん、家。会える？」

ことの発端はよくある話だ。同じ業種の集まりで知り合った人は、歳《とし》は三つ下。そのあと何度か顔を合わせる機会があったけれど、いつも遠慮がちで、一歩引いている人という印象で、特段タイプでもなかった。だから、

「ふたりで飲みに行きませんか」

と誘われても、ドキドキするようなことはなかったし、万一おかしなことになったとしても、一夜の過ちとして水に流せる自信があった。

ところが、男は夜になると人が変わった。痛いと叫んでもおかまいなしに肌を噛《か》み、何度も首を絞められた。ゴムを着けたらイケないんだと言い訳して、そのまま挿《い》れられて、あげくの果てに中で射精された。慌ててホテルのバスルームに駆けこむ私を見ても、ベッドから起きあがりもしなかった。とうぜん、ごめんのひとこともなかった。

何度思い返しても、ひどいことをされたと思う。でも、怒りながら復讐《ふくしゅう》することも、苦しみながら水に流すこともできなかった。理由は、セックスがよすぎたからだ。

それまで経験したことがないほど蔑《ないがし》ろにされたにもかかわらず、私はほどなく、その男ともう一度交わりたくてたまらなくなっていた。ふたたびつながることを望んで、避妊のための薬も呑《の》みはじめた。

でも、会いたい、身体を重ねたい、とメールをしても、返事があるのは五回に一回

がいいところ。そのうち、ねだるよりも男に求められるのを待つほうが楽だと気づいて、唐突な連絡が来るのを毎晩願うようになった。

どこかで飲んだ帰りにふらりとやってきたその男は、無言で部屋の明かりを消して、あらわにした下半身を私に咥《くわ》えさせる。勃起したそれを唾液でベドベトにして頬張りながら、みみずが這《は》うように下から上へと竿《さお》を舐《な》めあげる。小声で喘《あえ》ぐ男の姿に、一瞬だけ形勢が逆転したような錯覚を起こす。

「気持ちいい?」

「んはっ……いい……」

前戯などほとんどないままベッドに押し倒されても、私のそこはすでに十分すぎるほど潤っている。くちゅっ、と音がして、男の指が私の秘所をかきまわす。連絡の来ない夜は、この指を想像してひとり遊びに耽《ふけ》っていた。このまま抜けなければいいのに、そう思った矢先にするりとそれは逃げ、男のモノが入ってくる。

「ん……あっ……」

「ああ……締まる……」

男は正常位で私を貫きながら、ときおり私の胸に吸いつく。腰を打ちつけながら舌で乳首を転がして、ぎりっと噛みついてくる。

「いやっ、痛いっ……」

鋭い痛みに思わず身をよじっても、男の唇は胸の先から離れてくれない。

「痛いならやめますよ」

そう言われて、やめてと返せるわけがない。痛さをはるかにうわまわる快感が身体中を走る。血がわずかににじむほど乳首を強く噛まれながら、つながっている場所からはとめどなく愛液があふれてくる。

「痛いって言いながら、感じまくってますね」

「ああっ……」

「セックスできるって期待しましたか。うれしくなっちゃった?」

突きあげられながら、私は何度もうなずく。

「したかった……あなたとセックスしたかったの……」

「俺とじゃなくてもよかったんじゃないですか。誰でもいいから犯してほしかったんでしょ」

「はあっ……あああっ」

激しい言葉で責められても反論する余力もなく、私はただ快楽に堕《お》ちていく。

「ああ、もう出る……」

「あっ……だめ……」

「うっ……中で出すよ……」

「ああっ、イクっ……」


異性として大事にされることはない。それでもいい。とにかく男とつながりたい。

そんなことばかり考えていた、ある日のことだった。


「ねえ……見つかったら、まずいから……」

「声を出さなければ、大丈夫ですよ」

人の気配がして、私たちは口をつぐんだ。さっきまで同じ会議に出ていた人の声が近くに聞こえる。ファスナーを下ろす音と水音。トイレの個室で息をひそめる。

「……っ」

便座に腰かける男の上に座らされた私は、思わず声を漏らした。うしろから伸びてきた手は私の胸を捕え、やわやわと揉《も》んでくる。服の上から乳首を強めに擦《こす》られ、身体がびくっと反応した。

足音が去り、静けさを取り戻したトイレの個室で、向かい合わせに座りなおす。首から下げた社員証をよけて、男は私のブラウスをはだけさせると、ブラを乱暴にずらして、谷間に顔をうずめた。唇を強く押しつけて吸われ、赤い痕が現れる。

「ちょっと……だめ、あっ」

「白くてきれいな肌してるから、つけたくなっちゃいました」

唇は乳房を転々とし、痺《しび》れるような感覚とともに新たな赤みを作り出していく。そのじんわりした刺激にぼうっとしていると、不意に首すじを捕らえられた。

「お願い、そこはやめて……隠せないから……っ」

小声の抵抗も虚《むな》しく、たっぷり吸われたそこは見るまでもなく、くっきりと印がついているのがわかった。

このあと仕事に戻らなくてはいけないのに、取引先と会う約束もあるのに……どう取り繕えばいいのだろう。

男は青ざめる私をチラと見ただけで、なにごともなかったかのように右手を私のそこにあてがった。取り返しのつかないことをされたのに、こんなときでさえ私の身体は快楽に従順で、伸ばされた男の手に自分からそこを擦りつけていた。

「人が来るかもしれないから、静かにやりましょう」

男は下を脱ぎ、私のスカートをたくしあげる。ストッキングに穴を開け、ピリピリと裂いたかと思うと、ずらしたショーツの隙間からぬるりと入ってきた。

「ああ……っ」

「声を出したら、だめですよ」

激しく動くと物音がするからか、つながった部分を密着させて、なじませるように腰をまわしてくるその動きに、身体がとろけそうになる。

「男子トイレでセックスするなんて……AVみたいで興奮します」

「変なこと、言わないで……んんっ……」

「ああ……キスマークいっぱいついた胸揺らして感じてる姿、エロいです……」

「やめて……」

「もうイキそう……ここで外出しできないから、中に出しますね……」

「あっあっ、だめ……気持ちよくなっちゃう……ああっ」

「イクっ……」

男に求められるまま、欲望に忠実になっていたら、私の感覚はさらにおかしくなってしまったらしい。


「お疲れさまでした、乾杯！」

「乾杯！」

同業他社との夏の懇親会。飲食店ばかりが入るビルには珍しく畳敷きの店で、私の隣では男の上司に当たる人があぐらをかいている。

「いつも世話になっているね」

「いえ、こちらこそご指導いただいて、ありがとうございます」

手近にあった瓶ビールを手に取り、お酌をしようとしたら、身体に電流のような痺れが走った。

「あっ……っ」

「どうしたんだ？」

「……失礼しました。なんでもありません」

次の刺激が来ないかドキドキしながらビールを注ぎ、お返しを受けているとまた、その痺れが襲ってきた。

「……っ」

肩をすくめて声を押し殺す。少し離れたところに座っている男を抗議の目で見たのに、向こうはこちらに一瞥《いちべつ》もくれない。


——明日はこれ挿れてきて。

昨日、同僚から紙袋をわたされた。男からの預かりものだという。

「この間の会議でわたし忘れたものだって」

と言われ、心当たりがないまま封を開けると、走り書きのメモと、遠隔ローターが入っていた。

懇親会の終了予定は午後九時。解散後、これでどうしようもなく濡れてしまった秘所に男が入ってくるのだろうか……そんな妄想に顔を赤くして、私は袋をバッグにしまった。

正座をすると体重が下半身にかかって、ローターがより強く、深く当たる。いけないと思いながらも、気持ちいいところに触れるように腰を動かして、感じすぎてしまいそうになると体勢を変えてをくり返してしまう。そんな姿はやはり不自然に見えるのか、男の上司が声をかけてきた。

「さっきから様子がおかしいみたいだけど……足なら遠慮なく崩しなさい。顔も赤いよ」

「……ありがとうございます」

お言葉に甘えて、と断り、そっと横座りをしようとしたら、一気に振動が強くなった。

「んあ……っ」

「……調子が悪いんじゃないのか？」

「……すみません。少し酔いすぎたみたいで……ちょっと失礼します」

おぼつかない足どりでお手洗いに向かっていたら、うしろから腕を引かれた。されるがまま、連れていかれたのは屋外に面したビルの非常階段だった。

「君が立ちあがったあとの座布団に染みができてたよ」

「っ……それは……」

「隣に座っていれば音も匂いも気づく」

男の上司は私を壁に押しつけて、太ももを撫《な》でまわしてくる。

「っあ……だめです……」

「足まで垂れてくるくらい、ビショビショなのに？」

スカートの中に突っこまれた手は、下着の上から私のそこを圧迫する。

「ああっ、だめ……強く押しつけたら……っ」

「もっとビリビリして気持ちいいだろ。イッてごらん」

「はあっ……ああ……もうイッちゃいます……ああんっ」


へたりこんだのも束《つか》の間、私はすぐに立たされ、ストッキングとショーツを一気にずり下ろされた。男の上司がローターを乱暴に抜き、階段に手をつかされた直後、うしろからずぶずぶとモノが沈みこんできた。

「ああ……お漏らししたみたいに濡れてる……」

「いやっ……」

「誰かに見られてるかもしれないよ」

その言葉にはっとして、階段の隙間から下を見ると、男が薄笑いを浮かべながらこちらを見あげているのに気づいた。手に持ったスマホは私に向けられている。

「ああ……っ」

「見られてると思ったら興奮した？　もっと激しくしてあげようか」

男の上司が私の片足を上げる。

「ほら、出たり入ったりしてるよ……」

「だめです、そんなこと……ううっ」

こんな姿が男のスマホに保存されるのだろうか。私がハメられている姿が……。

「あっあっ、そこ責めないでください……おかしくなっちゃう……」

「ここ？」

「あああっ、だめ、イク、イクイクイクっ……」

「いっぱい中出しするから、受け止めて……ああっ」

絶頂に達して朦朧《もうろう》とする意識のなか、階段の下をもう一度見たけれど、そこにはもう男の姿はなかった。

男と出会ってから私の性生活は一変してしまった。もう、あと戻りはできない。まだ知らない快楽を与えられるのを、私は今日も待っている。

◉本書は「夕刊フジ」に投稿、掲載された手記を収録しています。

左記は初出一覧。一部は文庫収録の際に改題しています。

「秋雷に悶える美女」（2020年12月）
「スリルに興奮」（2021年1月）
「童貞卒業旅行」（2021年1月）
「徹マンと疲れマラ」（2021年2月）
「VIOの女たち」（2021年4月）
「遠征してきた人妻」（2021年4月）
「仮面のいたぶり」（2021年5月）
「真夜中の吐息」（2021年6月）
「ベソをかくおばちゃん」（2021年7月）
「夢を見たおばちゃん」（2022年5月）
「おばちゃん迷言録」（2022年5月）
「怖いもの知らず」（2021年12月）
「飛び散る汗 滴る愛液」（2022年2月）
「先生はバージンですか」（2022年6月）
「魅惑のゲレンデ」（2022年3月）
「潮吹き初体験」（2022年5月）
「禁断の果実」（2022年6月）
「好きなのはカラダ」（2022年7月）

監修　桑原茂一
編集協力　松村由貴（株式会社大航海）

私《わたし》の性体験《せいたいけん》投稿《とうこう》 禁断《きんだん》の果実《かじつ》

二〇二三年一月十日 初版発行

編者◉夕刊フジ【ゆうかんふじ】

発行◉マドンナ社

発売◉二見書房

東京都千代田区神田三崎町二‐一八‐一一

電話 〇三‐三五一五‐二三一一（代表）

郵便振替 〇〇一七〇‐四‐二六三九

印刷◉株式会社堀内印刷所 製本◉株式会社村上製本所 落丁・乱丁本はお取替えいたします。定価は、カバーに表示してあります。

ISBN978-4-576-22186-1 ◉Printed in Japan ◉©マドンナ社